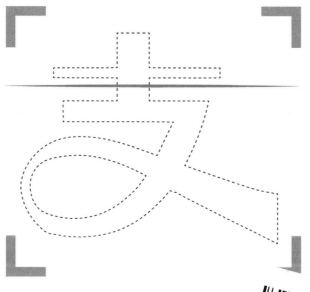

龙马高新教育 ◎编著

# 支付宝
## 小程序开发实战

北京大学出版社
PEKING UNIVERSITY PRESS

## 内 容 提 要

本书以零基础也能掌握为宗旨，系统、全面地讲解了支付宝小程序的开发技术，以帮助读者快速开发出自己的小程序。
全书共 10 章，分为三部分：第 1~3 章主要介绍支付宝小程序的入门与基础，包括小程序概述、小程序的开发与发布，以及小程序的开发基础；第 4~9 章介绍支付宝小程序组件的应用与开发，包括小程序的框架、基础组件、业务组件、开放接口、常用 API 接口及其他 API 接口；第 10 章主要介绍支付宝小程序开发的实战案例——微商城，真实模拟了从项目简介、商品展示、购物流程到用户管理等各模块的开发设计，读者学会这部分内容，就可以实践小程序的各项功能，轻松做出一个内容型小程序。

本书图文并茂、通俗易懂，不仅适合小程序开发人员和培训机构，还适合初次接触支付宝小程序的读者。

### 图书在版编目(CIP)数据

支付宝小程序开发实战 / 龙马高新教育编著. — 北京：北京大学出版社，2018.11
ISBN 978-7-301-29798-8

Ⅰ.①支… Ⅱ.①龙… Ⅲ.①电子商务 – 支付方式②电子商务 – 程序设计 Ⅳ.①F713.361.3②TP311

中国版本图书馆CIP数据核字(2018)第192403号

| | |
|---|---|
| 书　　名 | 支付宝小程序开发实战<br>ZHIFUBAO XIAOCHENGXU KAIFA SHIZHAN |
| 著作责任者 | 龙马高新教育　编著 |
| 责任编辑 | 吴晓月 |
| 标准书号 | ISBN 978-7-301-29798-8 |
| 出版发行 | 北京大学出版社 |
| 地　　址 | 北京市海淀区成府路205号　100871 |
| 网　　址 | http://www.pup.cn　新浪微博：@北京大学出版社 |
| 电子信箱 | pup7@pup.cn |
| 电　　话 | 邮购部 010-62752015　发行部 010-62750672　编辑部 010-62570390 |
| 印 刷 者 | 大厂回族自治县彩虹印刷有限公司 |
| 经 销 者 | 新华书店 |
| | 787毫米×1092毫米　16开本　16印张　331千字<br>2018年11月第1版　2018年11月第1次印刷 |
| 印　　数 | 1-4000册 |
| 定　　价 | 69.00元 |

未经许可，不得以任何方式复制或抄袭本书之部分或全部内容。
**版权所有，侵权必究**
举报电话：010-62752024　电子信箱：fd@pup.pku.edu.cn
图书如有印装质量问题，请与出版部联系，电话：010-62756370

# 前言

小程序的诞生打破了传统的原生App模式，无须下载、不用安装即可实现极简应用，用户搜一搜或扫一扫即可打开应用，实现了应用"触手可及"的出色体验。

2017年微信小程序"跳一跳"推出后迅速走红，刷爆了微信朋友圈，也让小程序的热度再次爬上了一个高坡，走向了大众视野。由于"跳一跳"巨大的活跃度及较高的留存率，将小程序推向了商业风口，形成了裂变式的快速发展。

支付宝背靠BAT三大巨头之一的阿里巴巴，在2017年8月公测了支付宝小程序，不断开放"附近的小程序""小程序间跳转"及"消息中心"等多个入口，迎来了诸多商家的加入。目前小程序还处于早期的流量红利期，商家和开发者可以通过平台的推广和展示，以极低的投放成本获得较高的利润转化，而且可以精准触达用户的场景渠道。

支付宝小程序是很有前景的应用程序，对于商家与开发者而言，应趁早抓住小程序商机，抢占流量洪流，实现营收激增。我们集合了多位小程序开发高手，精心打造了《支付宝小程序开发实战》一书，希望读者通过本书专业细致的讲解及实战案例的深入剖析，能够快速开发出自己的小程序。

## 读者对象

- 前端开发工程师。
- 小程序开发人员。
- 移动开发爱好者。
- 大专院校及培训学校的老师和学生。
- 企业内部培训。

## 本书特色

### ➢ 零基础也能入门

无论是否从事前端开发、是否接触过程序开发、是否使用小程序开发过项目，都能从本书中找到最佳起点。

> **内容全面**

本书内容翔实、系统全面。在写作方式上，采用"步骤讲述＋配图说明"的方式进行编写，操作简单明了，浅显易懂。

> **专业项目开发范例**

本书结合实际工作中的应用需求，通过案例深入讲解支付宝小程序的开发及应用，使读者在实战中掌握知识，轻松拥有项目经验。

## 配套资源

> **源代码和讲解视频**

本书附赠的学习资源中包括书中所有源代码和60分钟的讲解视频，免费供读者进行学习。读者可以扫描下方二维码或输入网址"http://v.51pcbook.cn/zfb/29798.html"进行下载，也可扫描具体章节中的二维码，观看相应的讲解视频。

> **技术交流与帮助**

读者可以申请加入"支付宝小程序学习群"群（群号：828340582），可以在群中获得本书的学习资料，还可以和作者及其他读者进行交流学习，帮助你无障碍地快速阅读本书。

## 作者团队

本书由龙马高新教育策划，古雷任主编，李梦龙、左琨任副主编。在编写过程中，编者竭尽所能地为读者呈现最好、最全的实用功能，但难免有疏漏和不妥之处，敬请广大读者指正。若在学习过程中产生疑问，或者有任何建议，可以通过以下方式联系我们。

投稿信箱：pup7@pup.cn

读者信箱：2751801073@qq.com

# 目录

## 第1章　小程序概述 ... 1

### 1.1　小程序介绍 ... 2
- 1.1.1　历史背景 ... 2
- 1.1.2　应用场景 ... 2
- 1.1.3　小程序的影响 ... 3
- 1.1.4　技能要求 ... 3
- 1.1.5　小程序入口 ... 4
- 1.1.6　小程序开放能力 ... 5

### 1.2　如何开始 ... 5
- 1.2.1　成为蚂蚁金服开放平台开发者 ... 5
- 1.2.2　身份角色的入驻 ... 7
- 1.2.3　创建小程序 ... 7
- 1.2.4　小程序设置 ... 9

## 第2章　小程序的开发与发布 ... 11

### 2.1　安装蚂蚁开发者工具 ... 12

### 2.2　创建示例工程 ... 13

### 2.3　编码与调试 ... 14

### 2.4　上传 ... 15

### 2.5　设置体验版（可选） ... 16

### 2.6　提交审核 ... 17

### 2.7　灰度测试与上架 ... 18

## 第3章　小程序的开发基础 ... 19

### 3.1　页面布局 ... 20
- 3.1.1　盒模型 ... 20
- 3.1.2　显示、定位和浮动 ... 20
- 3.1.3　Flex布局 ... 21

### 3.2　前端框架的演变 ... 22
- 3.2.1　最初的时代 ... 22
- 3.2.2　前端的革命 ... 23

3.2.3　类库的繁荣.................23
3.2.4　框架的兴起.................24

## 第4章　小程序的框架.................25

4.1　目录结构.................26

4.2　配置文件JSON.................27
  4.2.1　全局配置.................27
  4.2.2　页面配置.................30

4.3　逻辑层JS.................30
  4.3.1　注册程序App.................31
  4.3.2　注册页面Page.................32

4.4　视图层AXML.................35
  4.4.1　数据绑定.................36
  4.4.2　条件渲染.................39
  4.4.3　列表渲染.................39
  4.4.4　定义模板.................40
  4.4.5　引用文件.................41
  4.4.6　事件绑定.................43

4.5　样式ACSS.................47

## 第5章　基础组件.................49

5.1　视图容器.................50
  5.1.1　基础容器view.................50
  5.1.2　滑块容器swiper.................51
  5.1.3　滚动容器scroll-view.................53

5.2　基础内容.................56
  5.2.1　文字text.................56
  5.2.2　图标icon.................57
  5.2.3　进度条progress.................59

5.3　表单组件.................60
  5.3.1　表单form.................60
  5.3.2　输入框input.................63
  5.3.3　按钮button.................65
  5.3.4　单选框radio.................66
  5.3.5　复选框checkbox.................68
  5.3.6　开关switch.................71
  5.3.7　标记label.................72
  5.3.8　多行输入textarea.................73
  5.3.9　滑动条slider.................75
  5.3.10　选择器picker.................77
  5.3.11　嵌入选择器picker-view.................79

5.4　导航.................81

5.5　媒体组件.................82

5.6　地图.................84

5.7　画布.................90

## 第6章　业务组件.................93

6.1　组件结构.................94

6.2　折叠面板.................94

6.3　下拉菜单.................97

6.4　通用错误页.................102

6.5　宫格.................104

6.6　列表.................106

6.7　标签.................109

# 第7章 开放接口 ......111

## 7.1 获取授权码 ...... 112
## 7.2 获取用户信息 ...... 113
## 7.3 发起支付 ...... 114
## 7.4 跳转支付宝卡包 ...... 116
## 7.5 会员卡授权 ...... 118
## 7.6 芝麻认证 ...... 120

# 第8章 常用API接口 ...... 121

## 8.1 界面 ...... 122
### 8.1.1 导航栏 ...... 122
### 8.1.2 TabBar ...... 124
### 8.1.3 交互反馈 ...... 125
### 8.1.4 下拉刷新 ...... 129
### 8.1.5 联系人 ...... 130
### 8.1.6 选择城市 ...... 132
### 8.1.7 选择日期 ...... 134
### 8.1.8 动画 ...... 135
### 8.1.9 画布 ...... 139
### 8.1.10 地图 ...... 168
### 8.1.11 键盘 ...... 169
### 8.1.12 滚动 ...... 170
### 8.1.13 节点查询 ...... 170
## 8.2 网络 ...... 172
### 8.2.1 发起请求 ...... 172
### 8.2.2 上传文件 ...... 173
### 8.2.3 下载文件 ...... 175
### 8.2.4 WebSocket ...... 175

# 第9章 其他API接口 ...... 181

## 9.1 设备 ...... 182
### 9.1.1 获取系统信息 ...... 182
### 9.1.2 获取当前网络状态 ...... 183
### 9.1.3 获取服务器时间 ...... 184
### 9.1.4 剪贴板 ...... 186
### 9.1.5 摇一摇 ...... 187
### 9.1.6 震动 ...... 188
### 9.1.7 打电话 ...... 188
### 9.1.8 用户截屏事件 ...... 189
### 9.1.9 屏幕亮度 ...... 190
## 9.2 媒体 ...... 191
## 9.3 位置 ...... 193
## 9.4 缓存数据 ...... 195
## 9.5 扫码 ...... 200
## 9.6 分享 ...... 201
## 9.7 数据安全 ...... 202
## 9.8 蓝牙 ...... 204
### 9.8.1 快速接入 ...... 204
### 9.8.2 API列表 ...... 207

# 第10章 实战分析——微商城 ...... 219

## 10.1 项目简介 ...... 220
### 10.1.1 功能分析 ...... 220
### 10.1.2 技术分析 ...... 221
## 10.2 商品展示 ...... 227
### 10.2.1 首页 ...... 227

  10.2.2 商品分类 ..................................... 229
  10.2.3 商品列表 ..................................... 231
  10.2.4 商品详情 ..................................... 232
 10.3 购物流程 ............................................. **234**
  10.3.1 购物车 ........................................ 235
  10.3.2 结算页 ........................................ 237
  10.3.3 支付页 ........................................ 240
 10.4 用户管理 ............................................. **242**
  10.4.1 个人中心 ..................................... 242
  10.4.2 订单列表 ..................................... 243
  10.4.3 收货地址 ..................................... 245
 10.5 案例总结 ............................................. **248**

CHAPTER
# 第1章
# 小程序概述

随着智能手机等移动终端设备的不断普及，人们对互联网的使用场景逐渐从PC时代向移动时代过渡。PC端的两大主要产品形态——客户端和网站，逐渐演化为移动端的App和HTML5。然而，原生App和HTML5应用在开发和使用上都存在一定的限制，这为小程序的出现创造了良好的条件。本章将从各个方面对小程序进行分析，希望能让读者对小程序有一个全方位的认识。

| 重点导读 |
- 小程序介绍
- 如何开始

## 1.1 小程序介绍

小程序的定义，是一种不需要下载安装即可使用的应用，它实现了应用"触手可及"的完美体验，用户搜一搜或扫一扫即可打开应用。小程序这种全新的思维和理念，解决了原生App无法跨平台和HTML5性能体验不足两大痛点，并集两者的优点于一身。作为一种全新的产品形态，值得所有开发者去了解和学习。

### 1.1.1 历史背景

移动设备多种多样，操作系统各不相同，各自的App相互不能兼容。例如，目前主流的Android和iOS两大平台，在开发App时需要分别进行，发布和推广的方式也不一样，无法进行产品的快速研发和推广。相比之下，HTML5具有天生的跨平台性和发布的自主性，能实现快速开发，但在性能和体验上无法与原生App相媲美。企业在实现产品应用时，除了App和HTML5外没有其他选择。

市场上各种App层出不穷，日益侵占着移动设备昂贵的存储空间，在满屏的应用程序中，相当一部分程序使用频率并不高，但如果不提前安装，需要时再安装的流量成本又太高。用户急切需要一种不需要安装即可使用的轻量级应用。

面对这种情况，微信在2016年首次提出了小程序这一概念，企图在微信这个拥有海量高黏性用户的超级App内，创造一种全新的连接用户与服务的方式，并基于微信提供的框架和封装的API，创造出类似原生App体验的轻量级云端应用程序。同年9月和11月，分别对微信小程序开放了内测和公测。2017年1月，万众瞩目的第一批微信小程序正式上线，随后3月就开放了个人开发者申请资格。

2017年9月，支付宝也正式入驻小程序这个全新的生态圈，进一步推动了小程序的发展。由此可以预见，小程序的市场规模和应用场景将会迎来进一步的增长。

### 1.1.2 应用场景

小程序作为内置在超级App中的云端应用程序，一方面父级App为它提供了框架和接口相关的技术支持，另一方面它也为父级App扩展了更多的服务和功能。

虽然小程序刚出现时被很多人所误解，甚至有些人极端地认为小程序将替代一切原生App。但经过长时间的发展和探索后，发现小程序并没有预想的火爆，这与它自身的特点也有一定的关系。

小程序宣扬的是无须下载安装即可使用，但其本质上并非无须下载，只是它的体积被严格限制在1MB以下，类似于访问HTML5网页。作为父级App的嵌入式程序，操作系统的兼容问题都交由父级App处理，所以小程序在一定意义上实现了跨平台。同时基于父级App提供的接口，能拥有接近原生App的性能和体验。

小程序也存在一定的局限性，与传统的HTML5相比，其发布受平台审核，大小也受到限制，只能在父级App中被加载调用，无法独立存在。这使它无法满足大型应用的需求，仅适合一些低频刚需的应用场景，如旅游、订票、订餐等不太固定的即时需求。而且正因为它小，所以更容易专注地做好某一件事或服务于某一场景。简单快捷的开发，也非常适合作为初创产品的探索模式，或者作为先行的体验版，为原生App导流。

### 1.1.3 小程序的影响

对于企业和产品策划者来说，小程序让产品的形态多了一种选择。对于开发成本和性能体验来说，它们之间的平衡点是一种极具性价比的产品解决方案。在集合了App和HTML5优点的同时，借助父级App的用户规模和技术支持，享受流量红利并降低使用门槛。

对于开发者来说，小程序架构的底层技术与前端技术有很多相似之处，相较于其他编程语言，无论是入门还是学习的门槛都很低。它的发布与分发更是跳过了很多障碍，如苹果的App Store审核周期长、安卓应用市场繁杂等。而小程序只需通过父级平台的审核发布，即可在所有安装了父级App的设备上被调用访问。它的出现减少了对原生App的开发依赖，不仅对Android和iOS的开发者有一定的影响，同时还为广大的前端开发者拓展了一片新天地。

对于用户来说，小程序将平时不太常用但又必须要有的应用归类到一起，它们不占用内存，要用时只需搜一搜或扫一扫即可访问。除此之外，还提供账号授权和支付等功能，使用起来更加便捷高效。

### 1.1.4 技能要求

支付宝小程序使用的是前端技术栈JS/AXML/ACSS/JSON，与常规的前端开发类似。虽然前端开发者可以迅速上手，但它们之间也存在差异。

首先，JS的运行环境既不是客户端的浏览器，也不是服务端的Node。它运行在支付宝App的上下文中，这里既没有DOM也没有Node的相关接口，只能使用支付宝客户端提供的API。所以严格意义上来说，虽然开发过程和用到的技术与HTML5是相通的，但小程序并不是HTML5。

其次，支付宝小程序采用了类似Vue的MVC模式，开发者将数据与视图建立关系后，只需关心数据的操作，视图会自动根据数据实时更新。如果完全没有编程基础，需要先学习HTML和CSS的相关知识，便于理解小程序的页面布局。这部分内容相对而言比较简单，也是前端开发的基础。之后还要对JavaScript进行系统的学习，这是前端开发的重点，也是小程序开发的关键，需要花费一些时间才能真正掌握。

最后，要对MVC开发模式有一定的了解，便于理解小程序的开发框架。只有掌握这些前端技术，才能更好地进行小程序的开发。

### 1.1.5 小程序入口

与微信注重聊天功能的定位不同，支付宝将小程序入口放在"朋友"主菜单页面的顶部，同时还为小程序设置了类似应用商店的主页，如图1-1所示。

图 1-1 支付宝小程序入口

## 1.1.6 小程序开放能力

支付宝为小程序提供了丰富的开放接口,除了将系统原生接口封装成API外,还封装了许多支付宝特有的能力,如会员信息、支付、芝麻信用、卡包、蚂蚁会员积分及小程序二维码等。

## 1.2 如何开始

支付宝小程序为了降低开发门槛,采用与微信小程序相似的开发框架与产品体验,开发起来大同小异。想要成为开发者,需要完成三步:第一,注册并登录蚂蚁金服开放平台;第二,入驻身份角色;第三,创建小程序。

### 1.2.1 成为蚂蚁金服开放平台开发者

使用企业支付宝账号注册并登录蚂蚁金服开放平台,具体操作步骤如下。

(1)在蚂蚁金服开放平台首页(http://open.alipay.com),使用"企业支付宝账号"登录,如图 1-2 所示。

图 1-2 登录蚂蚁金服开放平台

（2）若没有企业支付宝账号，可以单击"免费注册"按钮进入支付宝账号注册页面，并选择企业账户，如图1-3所示。

图1-3　注册支付宝企业账号

（3）登录成功后，进入小程序公测首页，单击"申请公测"按钮进行申请，审核时间为1个工作日，如图1-4所示。

图1-4　小程序公测首页

## 1.2.2 身份角色的入驻

完成开发者注册和登录后,就可进行身份角色的入驻了,具体操作步骤如下。

(1)使用"企业支付宝账户"登录蚂蚁金服开放平台后,按照入驻指引选择自己的身份角色,完善身份信息并签署平台服务协议,正式成为开放平台的合作伙伴。这里选择"自研开发者"身份,如图 1-5 所示。如果已入驻其他身份,可进入"账户管理/合作伙伴信息"页面,将身份角色拓展为"自研开发者"。

图 1-5 选择入驻角色

(2)根据所选身份填写相应信息,完成后签署《蚂蚁开放平台服务协议》。

## 1.2.3 创建小程序

接下来就可以在后台创建小程序了,创建完成后会获得小程序 App ID,具体操作步骤如下。

(1)在小程序公测首页单击"登录管理中心"按钮,进入开发者中心的小程序管理页面,单击右上角的"创建"按钮,如图 1-6 所示。

图 1-6　创建小程序

（2）按照页面提示要求填写小程序的基本信息，如图1-7所示。

图 1-7　填写小程序的基本信息

（3）成功创建小程序后，可在小程序详情页中查看App ID，如图1-8所示。

图 1-8　查看小程序的App ID

## 1.2.4 小程序设置

完成身份角色入驻和小程序的创建后,在正式进入开发前,还需要对小程序进行相关的设置。

(1)在小程序详情页的"设置"选项卡中,单击"设置应用公钥"按钮为小程序设置"接口加签方式",然后单击"添加"按钮设置"httpRequest接口请求域名白名单"(用于获取域外的图片和后台数据等),如图1-9所示。

图 1-9　小程序设置

(2)在小程序详情页的"成员管理"选项卡中,单击"添加"按钮可以添加开发者和体验者,如图1-10所示。每个小程序可以添加10个开发者和50个体验者,输入对方的支付宝账号进行邀请,经对方确认后,即可成为其开发者或体验者(开发者可以进行小程序的开发,在开发者工具中执行程序的开发与上传；体验者可以扫码访问该小程序的体验版本）。

图 1-10　小程序的成员管理

第2章
CHAPTER
小程序的开发与发布

在支付宝开放平台注册开发者账号并创建小程序后，就可以进行程序开发了。支付宝小程序为开发者提供了专门的开发工具，其中包括小程序的项目创建、编码、模拟器、调试工具与发布等。本章主要介绍开发者工具的下载、安装和使用，并通过创建一个小程序示例工程进行演示。

重点导读

- 安装蚂蚁开发者工具
- 创建示例工程
- 编码与调试
- 灰度测试与上架

## 2.1 安装蚂蚁开发者工具

开发者工具的下载和安装并不复杂,具体操作步骤如下。

(1)在小程序(公测)主页的下拉页面中选择"开发者工具"选项,如图2-1所示。

图 2-1 选择"开发者工具"选项

(2)在打开的"概览"页面中单击"下载"按钮,如图2-2所示。进入下载页面,选择对应的系统版本即可。

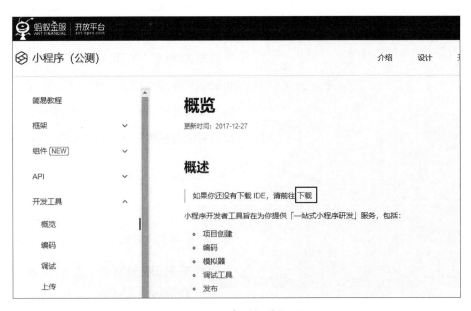

图 2-2 小程序"概览"页面

(3)下载完成后,运行文件并进行默认安装即可。

## 2.2 创建示例工程

安装好开发者工具后，可以选择创建小程序示例工程，具体操作步骤如下。

（1）打开"蚂蚁开发者工具"页面，使用支付宝App扫码登录后，可以选择创建或打开一个工程项目。单击"创建"按钮，开发工具默认提供两个小程序的示例工程，如图2-3所示。

图 2-3　选择创建示例工程

（2）下面以选择"组件/API DEMO"为例，单击"下一步"按钮，填写项目名称、项目路径与App ID（若没有可暂时不填），然后单击"完成"按钮，如图2-4所示。

图 2-4　填写项目信息

（3）这时开发者工具会自动将示例小程序的源代码下载到开发者设定的项目路径中，并打开开发者工具的工作界面。除了功能菜单外，界面主要分为目录、编码和模拟器三大区域，左下角的视图切换按钮可以控制这些区域的展示或收起状态，如图2-5所示。

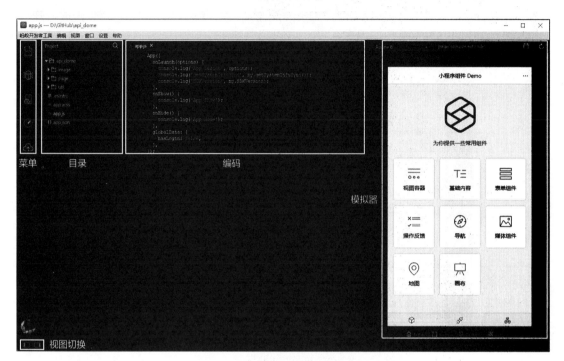

图 2-5　开发者工具的工作界面

## 2.3　编码与调试

小程序开发工具支持用户在文件目录上通过右击来新建页面或文件，当然也可直接操作项目路径下的文件，开发者工具会实时将修改同步到项目的文件目录上。

不仅如此，在基本编码功能的基础上，小程序开发工具还提供了不少针对小程序的定制功能。例如，配合模拟器实现了代码修改的实时预览，并针对小程序特有的AXML标签和API进行了自动补全；默认支持ES5/ES6/ES7，并提供了内置的ESlint支持。

小程序并不是一个普通的 HTML5 App，无法在浏览器中预览。开发者工具提供了两种调试方式：模拟器加调试工具模式和真机测试模式。模拟器提供了常用设备尺寸的模拟、编译的日志和地理位置数据的模拟，任何代码的修改都会实时反映在模拟器上。

为了配合模拟器，开发者工具提供了定制化的Chrome Devtool，并在其基础上增加了AXML等扩展。单击开发者工具左侧菜单中的第二个图标，打开"调试"界面，如图2-6所示。该界面中的几个功能按钮的作用如下。

- Console：运行日志、错误查看。
- AXML：基于小程序元素的结构和样式调试（替代网页的Elements）。
- Storage：缓存数据查看、编辑。
- Sources：源码查看、断点调试。
- Network：网络资源、请求查看。

图 2-6　"调试"页面

真机预览首先需要一个有效的App ID，然后将其推送给自己或对应开发者即可。单击左侧菜单中的第三个图标，打开"真机预览"的设置界面，如图2-7所示。

图 2-7　"真机预览"的设置界面

## 2.4　上传

在本地完成了所有的研发和测试工作之后，确定没有任何问题，就可以将小程序项目提交至开放平台，并进行下一步的体验测试了。开发者工具提供了一键上传的功能，单击左侧菜单中的第四个图标,进入上传界面,如图2-8所示。

在上传前有几点需要注意:首先,必须有一个有效的App ID;其次,小程序中所有的请求地址都需要在白名单之内,否则将无权请求相关的域名地址;最后,为了便于管理,每次上传都会递增版本,当然也可以制定自己的版本号规则。

单击"上传"按钮即可上传,但上传时会进行体积检测,超过小程序限制的体积就会有相应提示,待上传完成后,需要前往开放平台进行下一步的发布等操作。

图 2-8　上传界面

## 2.5　设置体验版(可选)

登录蚂蚁金服开放平台,进入开发者中心的小程序详情页,在"开发管理"选项卡中能够看到刚刚上传的版本。选择一个版本,单击其后的"设为体验版"按钮即可,如图2-9所示。

图 2-9  设置体验版

在弹出的提示框中单击"确认"按钮即可生成二维码，管理员与体验者可在支付宝中扫码访问。如果访问者不在该小程序的体验者之中，则不能访问，需要先在成员管理中将其添加为体验者。

## 2.6  提交审核

如果不需要设置体验版，或者确认体验版没有问题后，可以直接单击"提交审核"按钮，并填写上架信息，如图2-10所示。审核将会在2个工作日内完成。

图 2-10  填写上架信息

## 2.7 灰度测试与上架

支付宝小程序提供灰度发布功能，即让一部分用户使用新版本，其他用户继续使用原来的版本。如果在此过程中没有问题，就会逐步扩大范围，把所有用户都迁移到新版本上。

在开发版本审核通过后，可以单击"灰度测试"按钮，如图2-11所示。在此阶段，开发者可以逐步提高灰度比例，最高为50%；若出现缺陷，则结束测试后退回开发版本重新开发。

图 2-11  设置灰度测试

灰度测试通过后，管理员单击"提交"按钮将其上架，就可以在支付宝客户端中访问到该小程序了。另外，如果已上架的版本有重大问题，还支持开发者将线上版本回退至上一版本，从而降低负面影响。

CHAPTER

第3章
小程序的开发基础

通过前面两章，基本上已经完成了小程序开发前的准备工作。在进行实际开发之前，还需要对前端开发的基础知识有一定的了解。本章内容不涉及具体的操作，但可以为后面的学习打下基础，希望读者能充分理解这些概念。

重点导读

- 页面布局
- Flex布局

## 3.1 页面布局

小程序与传统网页应用一样,通过页面来展示数据和提供交互,需要熟练掌握页面布局。在前端开发中,布局的传统解决方案是基于盒模型的,依赖显示、定位和浮动等属性来实现。后来又新增了Flex弹性布局方案,可以简洁、完整、响应式地实现各种页面布局。

### 3.1.1 盒模型

在网页开发中,可以将所有的HTML元素看作一个框。每个盒模型都由实际内容、内边距、边框和外边距四部分构成。在W3C标准盒模型模式下,width和height指实际内容的宽高,padding为内边距,border为边框,margin为外边距,如图3-1所示。

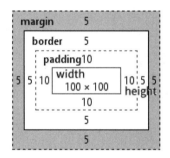

图 3-1 浏览器计算的盒模型

在小程序中,每个组件就相当于HTML中的元素,它们完全遵循W3C标准盒模型规范。值得注意的是,低版本的IE存在一定的兼容问题,这些浏览器的width和height属性是指内容、内边距和边框的宽度总和,称为IE盒模型。

### 3.1.2 显示、定位和浮动

大多数HTML元素被定义为块级元素或内联元素,不同显示类型的元素对于盒模型的处理方式也不同。显示类型通过display属性控制,block为块元素,inline为内联元素,none为隐藏元素。

块元素总是在新行上开始,宽高、行高及内外边距均可控制,宽度默认为100%,主要用来容纳内联元素和其他块元素。内联元素和其他块元素都在一行上,宽高、行高及内外边距不可改变,宽度就是文字或图片的宽度,仅用于容纳文本和其他内联元素。隐藏元素不会占用任何空间,即该元素将从页面布局中消失。

CSS中有3种确定元素位置的机制：普通流、定位和浮动。除非专门指定，否则所有的元素框都在普通流中。也就是说，普通流中元素的位置是按照HTML中书写的结构，通过盒模型原理计算出来的。

定位通过position属性来控制，属性值分为relative（相对定位）、absolute（绝对定位）和fixed（固定定位）。相对定位的元素框会偏移某个距离，但元素仍然占据其未定位前的位置。绝对定位的元素框从文档流中被完全删除，并相对于最近的、含有相对定位的祖先元素或整个页面进行偏移定位。元素原来在正常文档流中所占的空间将会关闭，就好像该元素从来不存在一样。元素定位后生成一个块级框，不论原来它在正常流中生成何种类型的框。因为绝对定位后元素将脱离普通流，所以它们可以覆盖页面上的其他元素，并通过设置z-index属性来控制堆放次序。固定定位与绝对定位类似，只是相对于视窗本身而言，不随页面滚动。

浮动通过float属性来控制，浮动框可以向左或向右移动，直到它的外边缘碰到包含框或另一个浮动框的边框为止。由于浮动框不在文档的普通流中，因此文档普通流中的块级框表现得就像浮动框不存在一样。元素浮动之后，周围的元素会重新排列，为了避免这种情况，使用clear属性来清除浮动。

浮动刚开始主要用于图文混排，是解决文字环绕问题的，后来发现也可以解决多栏布局问题，从而得到广泛应用。

### 3.1.3 Flex布局

Flex布局是2009年W3C提出的一种新的布局方案，目前已经得到了所有浏览器和小程序的支持，将成为未来布局的首选方案。

Flex（Flexible Box，弹性布局）用来为盒模型提供最大的灵活性。任何一个容器都可以被设定为Flex布局，设定后，其子元素的float、clear和vertical-align属性将失效。采用Flex布局的元素称为Flex容器，它的所有子元素自动成为容器成员，称为Flex项目。

容器默认存在两条轴线：水平的主轴（main axis）和垂直的交叉轴（cross axis）。主轴的开始位置（与边框的交叉点）称为main start，结束位置称为main end；交叉轴的开始位置称为cross start，结束位置称为cross end。项目默认沿主轴排列。单个项目占据的主轴空间称为main size，占据的交叉轴空间称为cross size。

以下8个属性均可以设置在容器上。

- flex-direction：定义主轴的方向（即项目的排列方向）。
- flex-wrap：定义一条轴线排不下的换行方式。
- flex-flow：指flex-direction和flex-wrap的复合属性。
- flex-direction：定义灵活项目的方向。
- flex-wrap：定义灵活项目是否拆行或拆列。
- justify-content：定义项目在主轴上的对齐方式。
- align-items：定义项目在交叉轴上的对齐方式。
- align-content：定义多根轴线的对齐方式。

以下6个属性设置在项目上。

- order：定义项目的排列顺序，数值越小排列越靠前。
- flex-grow：定义项目的放大比例，默认为0，即如果存在剩余空间也不放大。
- flex-shrink：定义项目的缩小比例，默认为1，即如果空间不足该项目将缩小。
- flex-basis：定义在分配多余空间之前，项目占据的主轴空间。
- flex：flex-grow、flex-shrink 和 flex-basis的简写。
- align-self：允许该项目有与其他项目不一样的对齐方式，可覆盖容器align-items。

## 3.2 前端框架的演变

前端从最初的网页制作开始，演变到现在框架和体系的逐步完善，每一次进步都是一个质的飞跃。通过梳理前端发展时间线，深入分析前端的从无到有、从有到优的过程，帮助读者理解技术发展背后的脉络。

### 3.2.1 最初的时代

在互联网发展的早期，前后端开发是一体的，前端属于后端的一部分。主要的流程是后端接受浏览器请求，然后生成静态页面，再返回给浏览器解析。

为了提升效率，逐渐形成了以后端为主的MVC时代。MVC中的模型Model负责提供和保存数据（与数据库交互），视图View负责展示界面和数据，控制器Controller负责数据处理和实现业务逻辑。使用这样的架构，前后端职能划分较为清晰，前端属于MVC中的V，负责编写页面模板；后端负责数据和业务逻辑，读取页面模板，并使用处理后的数据填充模板中的变量，最后生成静态页面。

但这样的模式依然存在一些问题，前端隶属于后端，开发环境依赖后端，因其无法独立，从而导致效率不高。当时的应用多以页面展示为主，前端需要处理的工作较少，主要编写HTML和CSS及少量JS文件，使得维护路由和处理业务逻辑等大量的工作堆积在后端。

## 3.2.2 前端的革命

AJAX的诞生彻底改变了这一切，在无须重新加载整个网页的情况下，前端可以通过AJAX获取后端数据，然后利用DOM操作更新网页，以此达到动态加载的效果。

从此前端被独立出来，实现了真正意义上的前后端分离。后端专注于提供数据处理，最后将数据打包成接口；前端负责开发界面和交互，通过获取到的接口数据实现页面的更新。

前端的工作内容开始慢慢增多，如处理各种业务逻辑、发送AJAX请求、处理返回的数据、操作DOM等，但浏览器提供的底层API相对复杂，还存在一定的兼容问题，促使前端的类库得以发展。

## 3.2.3 类库的繁荣

类库解决了常用代码的复用，并通过封装降低了编程的复杂度，将一些常用的和复杂的功能模块封装成函数，并提供更加简单的调用接口。它相当于许多功能的集合，用与不用取决于自身，使用它并不会影响代码的结构。

其中最著名的类库是jQuery，它极大地简化了JavaScript的编程过程。它的主要功能涵盖HTML元素的选取和操作，JS特效和动画，CSS的操作、事件和AJAX的封装，以及其他常用功能等。它还预留了扩展方法，方便将自定义的功能插件集合到其中。其他类似的类库还有ExtJS、YUI、移动端的Zepto，以及各种针对Canvas的类库等。

从本质上来看，类库相当于一个封装好的中间层，通过简单友好的接口，间接地操作那些复杂的浏览器底层API接口，并在类库内部解决兼容等问题，使开发更加便捷高效。但是，类库的使用依托于开发者的技术文档，所以在一定程度上增加了开发的学习成本。

类库虽然可以很方便地实现各种功能，但这种开发模式缺乏规范。随着业务量的增多，前端也需要处理数据、实现业务逻辑、生成视图等。借鉴后端框架的经验，前端的各种MVC框架也随之而来。

### 3.2.4 框架的兴起

前端的MVC与后端类似，数据模型Model负责与后端接口沟通，包括AJAX请求和数据的处理。视图View包括原始的结构样式和一部分控制页面的JS，负责将Model中的数据渲染到页面。控制器Controller作为数据和视图的黏合剂，负责接受视图的请求并转发给合适的模型，获取数据的变更并同步更新到视图。

这样的模型在理论上是可行的，但在实际开发中，前端框架大都在此基础上进行了一些改进。目前主要的3个前端框架（Angular、React、Vue）普遍采用的都是MVVM模式。它们将"数据模型和视图进行双向绑定"的思想作为核心，View和Model之间没有任何联系，仅通过ViewModel进行交互，而且Model和ViewModel之间的交互是双向的，因此视图中数据的变化会同时修改数据源，而数据源中数据的变化也会立即反映到View上。

小程序框架采用了类似于MVVM的开发模式，作为一个响应式的数据绑定系统，在逻辑结构上将小程序分为视图层和逻辑层。这两层始终保持同步，只要在逻辑层上修改了数据，视图层就会进行相应的更新，这与传统的网页开发的数据展示方式有很大不同。

在传统的前端模式中，需要先构建页面，然后通过监听页面的事件获取数据，再通过DOM操作实现视图的更新。而在MVVM的开发模式中，一切视图的变化都是通过改变数据进行的，下面来看一个简单的例子。

```
<!-- 视图层3-2.axml -->
<text class="title"> Hello {{name}}! </text>
<view class="box">
  <button onTap="changeName"> Click me! </button>
</view>
```

```
// 逻辑层 3-2.js
Page({ //注册一个页面
  data: {name: 'taobao'},//设置初始数据
  changeName() { this.setData({name: 'alipay'}) }// 重设数据改变视图
});
```

在上面的代码中，框架自动将逻辑层data数据中的name与视图层中的name进行了绑定，所以页面一打开就会显示"Hello taobao！"。当用户触发按钮时，视图层会发送changeName的事件给逻辑层，逻辑层找到该事件并执行，setData操作将data属性进行数据重置（date中的name改为alipay）。因为在框架中数据与视图已经被绑定了，所以改变数据后视图会自动更新，页面内容将变为"Hello alipay！"。

更多的数据绑定方式和事件绑定方法，在后面的章节中会进行详细的介绍。

CHAPTER
**第4章**
**小程序的框架**

小程序开发框架的目的是,通过尽可能简单高效的方式,让开发者可以快速开发出具有原生体验的App服务。框架提供了自己的视图层和逻辑层,并在视图层与逻辑层之间提供了数据传输和事件系统,让开发者可以方便地聚焦于数据与逻辑。本章重点介绍小程序的目录结构和配置,以及视图和事件,这些都是小程序开发的核心内容。

---| **重点导读** |---

- 目录结构
- 配置文件JSON
- 逻辑层JS
- 视图层AXML
- 样式ACSS

## 4.1 目录结构

一切计算机的应用程序都是由程序源文件组成的，不同的应用程序规定了各自的文件类型与文件结构。支付宝设定小程序分为App和Page两层，分别由各自的程序源文件组成并描述。其中，App用来描述小程序整体，每个小程序有且只有一个；Page用来描述各个页面，可根据需要设置多个。下面是一个简单小程序的目录结构，如图4-1所示。

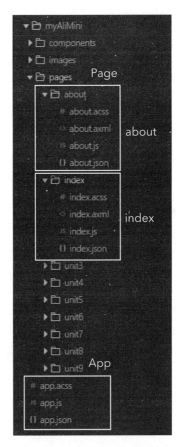

图 4-1　小程序的目录结构

为了方便开发者，支付宝规定App层由app.js、app.json和app.acss3个同名但不同类型的文件组成，且必须放在整个项目文件的根目录下，每个文件的作用如表4-1所示。

表4-1　App层的文件说明

| 文件 | 必填 | 作用 |
| --- | --- | --- |
| app.js | 是 | 小程序的逻辑 |
| app.json | 是 | 小程序的配置 |
| app.acss | 否 | 小程序的公用样式 |

Page层与App层大同小异，每个Page层由4个相同路径与文件名的文件组成，多出来的axml文件用来设置页面的结构（因为小程序都是通过页面来展示内容的，所以App层本身不需要axml文件），如表4-2所示。

表4-2　Page层的文件说明

| 文件 | 必填 | 作用 |
| --- | --- | --- |
| js | 是 | 页面的逻辑 |
| json | 否 | 页面的配置 |
| axml | 是 | 页面的结构与内容 |
| acss | 否 | 页面样式表 |

一般开发者会为每个页面设置一个子目录的文件夹，用来包裹描述该页面的axml/acss/json/js文件。从文件类型上来看，axml、acss和js分别类似于网页开发中的html、css和js，而json则可以理解为页面配置文件。另外小程序中用到的图片等静态资源，需要单独放在主目录的images文件夹中。

小程序的这些程序源文件在上传发布以后，最终会被云端服务器打包成一份JavaScript脚本，在支付宝中启动小程序时运行，结束小程序时销毁。

## 4.2　配置文件JSON

框架规定小程序分为App和Page两层，需要分别进行配置。App为全局配置，针对整个小程序有效；Page为局部配置，仅针对当前页面有效。在每个页面上，局部配置将覆盖全局设置的内容，类似于CSS的层叠规则。

### 4.2.1　全局配置

app.json用于小程序的全局设置，其中包括页面文件的路径pages、窗口的表现window、底部Tab菜单tabBar等。配置信息需要严格按照json格式书写，下面是一份简单的配置模板。

```
{
  "pages":[
    "pages/index/index",
    "pages/about/about",
    "pages/3-4/3-4"
  ],
```

```
  "window": {
    "defaultTitle": "Dome",
    "titleBarColor":"#fff",
    "pullRefresh":"true",
    "allowsBounceVertical":"YES"
  },
  "tabBar": {
    "textColor": "#ddd",
    "selectedColor": "#4ae",
    "backgroundColor": "#fff",
    "items": [{
      "pagePath": "pages/index/index",
      "icon": "images/tabbar/weather1.png",
      "activeIcon": "images/tabbar/weather2.png",
      "name": "首页"
    },{
      "pagePath": "pages/about/about",
      "icon": "images/tabbar/about1.png",
      "activeIcon": "images/tabbar/about2.png",
      "name": "关于"
    }]
  }
}
```

其中pages页面路径必须设置，window窗口表现和tabBar底部菜单的配置可以省略，即默认窗口表现和无底部菜单，如表4-3所示。

表4-3　App全局配置说明

| 文件 | 类型 | 必填 | 描述 |
| --- | --- | --- | --- |
| pages | String Array | 是 | 页面路径组 |
| window | Object | 否 | 窗口表现 |
| tabBar | Object | 否 | 底部菜单栏 |

pages是一个数组，其中每一项对应的字符串代表小程序页面的路径，默认第一个页面为小程序首页。小程序包含的所有页面都需要在此处声明，若文件结构中有增删页面，此处的设置也需要进行相应的修改（未声明的页面无法访问，多声明的页面会报错）。页面路径不需要写后缀名，因为App在调用小程序时会自动加载同名的json/js/axml/acss文件。

window用于设置小程序的导航栏、标题和窗口背景色等信息，包括的子属性如表4-4所示。

表4-4　window配置说明

| 文件 | 类型 | 必填 | 描述 |
| --- | --- | --- | --- |
| titleBarColor | HexColor | 否 | 导航栏背景色 |
| defaultTitle | String | 否 | 页面标题 |
| pullRefresh | Boolean | 否 | 是否允许下拉刷新，默认false |
| allowsBounceVertical | String(YES/NO) | 否 | 是否支持纵向拽拉超出实际内容 |

tabBar用来为小程序添加一个切换页面的底部菜单栏，包括的子属性如表4-5所示。

表4-5　tabBar配置说明

| 文件 | 类型 | 必填 | 描述 |
| --- | --- | --- | --- |
| textColor | HexColor | 否 | 文字颜色 |
| selectedColor | HexColor | 否 | 选中项的文字颜色 |
| backgroundColor | HexColor | 否 | 背景色 |
| items | Array | 是 | 每个tab项的配置 |

items数组各项需要分别配置，默认第一项必须是首页，子属性如表4-6所示。

表4-6　tab项配置说明

| 文件 | 类型 | 必填 | 描述 |
| --- | --- | --- | --- |
| pagePath | String | 是 | 设置页面路径 |
| name | String | 是 | 菜单名称 |
| icon | String | 否 | 平常的图标路径 |
| activeIcon | String | 否 | 选中的图标路径 |

icon推荐大小为60px×60px，可以到阿里巴巴矢量图标库的网站上获取。各项配置与小程序显示部分的对应关系如图4-2所示。

① titleBarColor
② defaultTitle
③ activeIcon
④ selectedColor
⑤ icon
⑥ textColor
⑦ backgroundColor
⑧ name

图 4-2　小程序配置

## 4.2.2 页面配置

每个页面使用与页面同名的[*].json文件，对当前页面进行单独的窗口表现设置。相比app.json简单了许多，页面只能设置window部分，所以连Window键名也省略了。页面配置继承了app.json中window的设置，重复定义可实现覆盖。

一般情况下，为了保证小程序的统一窗口表现，页面配置中只修改标题属性，其他继承全局设置即可。这里以首页index为例，其代码如下。

```
//index.json
{"defaultTitle": "首页"}
```

## 4.3　逻辑层JS

小程序的逻辑层主要负责将数据进行处理后发送给视图层、执行小程序的生命周期，以及监听视图层的各种事件反馈。为了方便开发，小程序开发框架在原生js的基础上做了一定程度的封装。

- 增加App和Page方法，分别进行小程序和页面的注册。
- 增加getApp和getCurrentPages方法，分别用来获取小程序实例和页面栈。
- 每个页面有独立的作用域，并支撑模块化开发。
- 提供丰富的API，包括原生接口和支付宝特有接口。
- 由于框架并非运行在浏览器中，因此，JavaScript在Web中的一些功能无法使用，如document、window等。

## 4.3.1 注册程序App

App作为小程序两层概念中的顶层，管理着所有页面和全局数据。在app.js中，使用系统提供的App()方法来注册一个小程序，这个方法同时也是一个构造方法，为每个小程序生成一个App实例，下面是一个简单的app.js的示例代码。

```
//app.js
App({
  /**系统方法**/
  onLaunch:function(options){ this.say() },// 小程序初始化
  /**自定义全局**/
  say:function(){console.log(this.globalData.text)},//自定义方法
  globalData:{text: "hello "}//自定义数据
})
```

可以看到，App()方法接受一个对象作为参数，这个对象主要由系统方法和自定义全局两部分组成。系统方法就是用来执行小程序各个生命周期的钩子函数，如表4-7所示。自定义全局则用来设置自己的全局方法和数据。

表4-7 生命周期函数

| 方法 | 类型 | 描述 | 触发时机 |
| --- | --- | --- | --- |
| onLaunch | Function | 监听初始化 | 当小程序初始化完成时触发，全局只触发一次 |
| onShow | Function | 监听显示 | 当小程序启动或从后台进入前台显示时触发 |
| onHide | Function | 监听隐藏 | 当小程序从前台进入后台时触发 |
| onError | Function | 监听错误 | 当小程序发生js错误时触发 |

表4-7中的前后台是支付宝对小程序状态的规定，当用户点击小程序界面右上角的"关闭"按钮或者按"home"键离开支付宝时，小程序不会真正被销毁，而是进入后台状态。当用户再次进入支付宝或小程序时，会从后台状态进入前台状态。只有当小程序进入后台状态一定时间或占用系统资源过高时，才会被真正销毁。

因为App()方法最终生成的是一个实例，所以在其内部可以使用this访问到实例自身的方法和数据。在Page内，如果需要获取当前的小程序实例，可以使用getApp()方法，代码如下。

```
//index.js
var app = getApp();//获取当前小程序实例，方便使用全局方法和属性
console.log(app.globalData) // 获取globalData
```

在使用过程中，有以下几点需要注意。

- App()方法必须在app.js中使用，且只能调用一次。
- 不要在App()定义的函数中调用getApp()，使用this即可获取当前实例。
- 不要在onLaunch中调用getCurrentPages()，因为此时Page还没有生成。
- 在页面中使用getApp()获得实例后，不要私自调用系统方法中的生命周期函数。

### 4.3.2 注册页面Page

作为小程序中主要负责页面展示和交互的Page层，在构成每个页面的JS文件中，可以使用系统提供的Page()方法来注册页面。该方法同样是接受一个对象作为参数，该参数用来指定页面的初始数据、生命周期函数、事件处理函数及自定义函数等，下面是一个简单的页面JS文件示例。

```
// index.js
Page({
  /**初始数据**/
  data:{title:"案例合集"},

  /**系统方法**/
  onLoad:function(){console.log(this.data.title)},//页面加载

  /**自定义函数**/
  changeTitle:function(){//自定义方法
    this.setData({title:"支付宝小程序-案例合集"});
```

```
        console.log(this.data.title)
    }
})
```

参数对象的具体说明如表4-8所示。

表4-8　Page方法参数对象说明

| 属性 | 类型 | 描述 |
|---|---|---|
| data | Object | 初始数据 |
| onLoad | Function(query: Object) | 页面加载时触发 |
| onReady | Function | 页面初次渲染完成时触发 |
| onShow | Function | 页面每次显示时触发 |
| onHide | Function | 页面每次隐藏时触发 |
| onUnload | Function | 页面卸载时触发 |
| onTitleClick | Function | 点击"标题"按钮时触发 |
| onPageScroll | Function({scrollTop}) | 页面滚动时触发 |
| onPullDownRefresh | Function | 页面下拉时触发 |
| onReachBottom | Function | 上拉触底时触发 |
| onShareAppMessage | Function | 点击右上角"分享"按钮时触发 |

### 1. 初始数据属性的说明

data：用于视图层初始渲染的数据对象。

### 2. 生命周期方法的说明

onLoad：一个页面只会调用一次，query参数为my.navigateTo和my.redirectTo中传递的query对象。

onShow：每次页面显示都会调用一次。

onReady：一个页面只会调用一次，代表页面已经准备妥当，可以和视图层进行交互。对界面的设置（如my.setNavigationBar）在onReady之后进行。

onHide：当my.navigateTo到其他页面或底部tab切换时调用。

onUnload：当my.redirectTo或my.navigateBack到其他页面时调用。

### 3. 事件处理函数的说明

onTitleClick：监听标题点击事件。

onPageScroll：监听页面滚动事件，并返回当前滚动scrollTop的值。

onPullDownRefresh：监听用户下拉刷新事件，需要在app.json的window选项中开启pullRefresh，当处理完数据刷新后，my.stopPullDownRefresh可以停止当前页面的下拉刷新。

onReachBottom：监听上拉触底事件。

onShareAppMessage：监听右上角分享事件。

作为视图根据数据自动变化的MCV框架，对于数据的修改需要注意的是：直接修改this.data是无效的，需要使用小程序为其专门提供setData()方法，将数据从逻辑层发送到视图层的同时，改变对应初始数据data的值。

setData方法也是接受一个对象作为参数，对象的键名非常灵活，以数据路径的形式给出，如array[2].message、a.b.c.d，并且不需要在this.data中预先定义，下面是示例代码。

```
<!-- 4-32.axml -->
<text class="title">{{text}}</text>
<view class="box"><button onTap="changeTitle"> Change normal data </button></view>


<text class="title">{{array[0].text}}</text>
<view class="box"><button onTap="changeArray"> Change Array data </button></view>


<text class="title">{{object.text}}</text>
<view class="box">
<button onTap="changePlanetColor"> Change Object data </button>
</view>


<text class="title">{{newField.text}}</text>
<view class="box"><button onTap="addNewKey"> Add new data </button></view>
```

```
//4-32.js
Page({
  data: {
    text: 'test',
    array: [{text: 'a'}],
    object: {text: 'blue'}
  },
  changeTitle() {
```

```
    // this.data.text = 'changed data'  错误！不要直接去修改 data 里的数据
    this.setData({text: 'ha'})//正确
  },
  changeArray() {this.setData({'array[0].text':'b'})},// 可以直接使用
数据路径来修改数据
  changePlanetColor(){this.setData({'object.text': 'red'});},
  addNewKey(){this.setData({'newField.text': 'c'})}
})
```

因为小程序对打开的页面数量有所限制，所以框架中以栈的形式维护当前打开的所有页面。gerCurrentPages函数可以获取当前页面栈的实例，以数组形式按顺序给出，第一个是首页，最后一个是当前页（注意，不要尝试修改页面栈，这会导致路由及页面状态出现错误）。当发生路由切换时，页面栈的表现如表4-9所示。

表4-9 页面栈的表现

| 路由方式 | 页面栈表现 |
| --- | --- |
| 初始化 | 首页入栈 |
| 打开新页面 | 新页面入栈 |
| 页面重定向 | 当前页面出栈，新页面入栈 |
| 页面返回 | 当前页面出栈 |
| Tab 切换 | 页面全部出栈，只留下新的 Tab 页面 |

## 4.4 视图层AXML

视图层由AXML与ACSS编写，通过组件进行展示。它将逻辑层的数据反映成视图，同时将视图层的事件发送给逻辑层。

注意，小程序的交互完全依靠数据实现，不能像网页一样操作DOM。比如，一个页面弹出窗的应用，在传统的网页开发中，是通过监听或绑定事件在事件触发后修改DOM结构的样式来展示弹窗的。在小程序中要实现同样的功能，需要设置一个数据作为标识位，当该数据的值为true时渲染或显示弹窗组件，否则不渲染或隐藏，以此来控制弹窗的展示和隐藏。这种将视图和数据进行绑定的开发模式更加聚焦于数据的处理，视图自动根据数据改变实现更新，减少手动更新视图的麻烦，大大提高了程序的开发效率。

要实现这种模式，需要先将数据与视图进行有效的绑定，框架为视图层的AXML提供了多种能力，使开发者可以更加便捷地展示数据。

## 4.4.1 数据绑定

视图层AXML中的动态数据，均来自注册Page时初始化的data数据。

**1. 简单绑定**

数据绑定使用双大括号将变量包裹起来，可以作用于各种场合。

（1）作用于内容。

```
<view> {{ message }} </view>

Page({
  data: { message: 'Hello Alipay!' }
})
```

（2）作用于组件属性值（需要在双引号之内）。

```
<view class="item-{{n}}"> </view>

Page({
  data: { n:0 }
})
```

（3）作用于组件控制（需要在双引号之内），[ a:if ]是条件渲染指令。

```
<view a:if="{{condition}}">true</view>
<view a:if="{{!condition}}">false</view>

Page({
  data: { condition: true }
})
```

（4）作用于关键字（需要在双引号之内）。

```
<checkbox checked="{{false}}"> </checkbox>
```

注意：不要直接写checked="false"，计算结果是一个字符串，转成布尔值类型后代表true。

**2. 运算**

可以在{{}}内进行简单的运算，支持以下几种方式。

（1）三元运算。

```
<view hidden="{{flag ? true : false}}"> Hidden </view>
```

（2）算数运算。

```
<view> {{a + b}} + {{c}} + d </view>
<!--视图中的结果为3+3+d -->
```

```
Page({
  data: { a: 1,b: 2,c: 3 }
})
```

（3）逻辑判断（需要在双引号之内），[a:if]是条件渲染指令。

```
<view a:if="{{length > 5}}">大于五</view>
```

（4）字符串运算。

```
<view>{{"hello" + name}}</view>
```

（5）复合数据的路径运算。

```
<view>{{object.key}} {{array[0]}}</view>
```

```
Page({
  data: {
    object: {key: 'Hello '},
    array: ['alipay']
  }
})
```

### 3. 组合

还可以在{{}}内直接进行组合，构成新的对象或数组。

（1）数组[a:for]是列表渲染指令。

```
<view a:for="{{[zero, 1, 2, 3, 4]}}"> {{item}} </view>
<!--最终组合成的数组为[0,1,2,3,4] -->
```

```
Page({
  data: { zero: 0 }
})
```

(2)对象[template]是一个模板标签。

```
<template is="mytemp" data="{{a:obj1.a,d:obj2.d}}"></template>
<!--最终组合成的对象是 {a: 1, d: 4} -->
```

```
Page({
  data: {
    obj1: { a: 1,b: 2 },
    obj2: { c: 3,d: 4}
  }
})
```

(3)用扩展运算符"..."来展开一个对象。

```
<template is="mytemp" data="{{...obj1, ...obj2}}"></template>
<!--最终组合成的对象是 {a: 1, b: 2, c: 3, d: 4} -->
```

(4)如果对象的key和value相同,也可以间接表达。

```
<template is="mytemp" data="{{a, d}}"></template>
<!--最终组合成的对象是 {a: 1, d: 4} -->
```

```
Page({
  data: {a:1,d: 4}
})
```

(5)上面的方式可以随意组合,但如果有变量名相同的情况,后边定义的变量会覆盖前面的变量。

```
<template is="mytemp" data="{{...obj1, ...obj2, a}}"></template>
<!--最终组合成的对象是 {a: 1, b: 20, c: 30,d:40} -->
```

```
Page({
  data: {
    obj1: { a: 10,b: 20 },
    obj2: { c: 30,d: 40} ,
    a: 1
```

```
  }
})
```

### 4.4.2 条件渲染

在框架中，使用[a:if]条件渲染指令来控制组件是否渲染。当条件为true时渲染该组件，否则不渲染。

```
<view a:if="{{ condition }}"> True </view>
<view a:if="{{ !condition }}"> False </view>
```

还可以在其后追加[a:elif]和[a:else]来增加条件分支。

```
<view a:if="{{ length > 5 }}"> 大于五 </view>
<view a:elif="{{ length < 5 }}"> 小于五 </view>
<view a:else> 等于五 </view>
```

上面这些指令都是添加在一个标签上的，如果想一次控制多个组件，小程序提供了<block/>标签，可以用它将多个组件包装起来，并在其上使用[a:if]控制。因为它并不是一个有效的组件，仅仅作为一个包装元素，不会在页面中做任何渲染，只接受组件控制。

```
<block a:if="{{true}}">
  <view> view1 </view>
  <view> view2 </view>
</block>
```

### 4.4.3 列表渲染

除了选择结构外，编程语言中另一个重要的结构是循环，它可以帮开发者减少大量重复的工作。在小程序中称为列表渲染，在组件上使用[a:for]指令，可以绑定一个数组数据，然后以数组的各项数据重复渲染该组件。

默认数组的当前项的下标变量名默认为index，数组当前项的变量名默认为item。

```
<view a:for="{{ array }}">{{ index }}: {{ item.message }}</view>
<!--视图中的结果为0:foo 1:bar -->
```

```
Page({
  data: {
```

```
    array: [{ message: 'foo' },{ message: 'bar' }]
  }
})
```

开发者可以根据需要使用[a:for-index]和[a:for-item]，将默认下标变量index和当前项item修改为自定义的变量名。下面的代码分别将下标变量和当前项自定义为idx和itemName。

```
<view a:for="{{array}}" a:for-index="idx" a:for-item="itemName">
  {{idx}}: {{itemName.message}}
</view>
```

列表渲染可以嵌套，也可以实现更为复杂的业务需求。下面是一个九九乘法表的代码。

```
<view a:for="{{ [1, 2, 3, 4, 5, 6, 7, 8, 9] }}" a:for-item="i">
  <view a:for="{{ [1, 2, 3, 4, 5, 6, 7, 8, 9] }}" a:for-item="j">
    <view a:if="{{ i <= j }}">{{ i }} * {{ j }} = {{ i * j }}</view>
  </view>
</view>
```

当要循环渲染多个节点的结构块时，同样可以使用<block/>标签进行包裹，示例代码如下。

```
<block a:for="{{[1, 2, 3]}}">
  <view> {{index}}: </view>
  <view> {{item}} </view>
</block>
```

### 4.4.4 定义模板

小程序提供了模板文件template，可以将代码片段定义为模板，并在不同的地方调用。

使用name属性作为模板的名称，然后在<template/>内定义代码片段。

```
<template name="msgItem">
  <view>
    <text> {{index}}: {{msg}} </text>
    <view> Time: {{time}} </view>
  </view>
</template>
```

使用is属性，声明需要使用的模板，然后将模板所需要的data数据传入。模板拥有自己的作用域，只能使用data传入数据，示例代码如下。

```
<template is="msgItem" data="{{...item}}"/>
```

```
Page({
  data: {
item: {
index: 0,
msg: 'this is a template',
time: '2016-09-15'
}
  }
})
```

其中is属性还可以在{{}}中通过运算动态决定渲染哪个模板，示例代码如下。

```
<template name="odd">
  <view>{{item}} is odd </view>
</template>
<template name="even">
  <view>{{item}} is even </view>
</template>


<text class="title">选择模板</text>
<view class="box">
  <block a:for="{{[1, 2, 3, 4, 5]}}">
    <template is="{{item % 2 == 0 ? 'even' : 'odd'}}"  data="{{item}}"/>
  </block>
</view>
```

## 4.4.5 引用文件

小程序提供两种引用文件的方式——import和include。

使用import可以加载单独定义template的文件。例如，在同目录下的item.axml文件中定义一个名为item的模板，代码如下。

```
<!-- item.axml -->
```

```
<template name="item">
  <text>{{text}}</text>
</template>
```

在同目录的4-35.axml中引用item.axml，就可以使用item模板了。在引入文件时，可以使用相对路径和绝对路径两种方式：相对路径以"./"作为标识，使用"../"返回上级目录；绝对路径以小程序根目录为起始，示例代码如下。

```
<!-- 4-45.axml -->
<import src="./item.axml"/> <!-- 相对路径 -->

<text class="title">import引用</text>
<view class="box">
  <template is="item" data="{{text: 'forbar'}}"/>
</view>
```

使用import引入文件有作用域的限制，只能使用import目标文件内定义的模板，不支持嵌套。如果C import B，B import A，那么C中可以使用B中的模板，B中可以使用A中的模板，但C中不能直接使用A中的模板，示例代码如下。

```
<!-- A.axml -->
<template name="A">
  <text> A template </text>
</template>
```

```
<!-- B.axml -->
<import src="./A.axml"/>
<template name="B">
  <text> B template </text>
</template>
```

```
<!-4-45.axml -->
<import src="./B.axml"/>
<!--<template is="A"/>--> <!-- Error! 不能使用A模板. -->
<template is="B"/>
```

值得注意的是，template的子节点只能是一个，不允许多个并列，但一个子节点可以再包含多个子节点，示例代码如下。

```
<template name="x">
  <view>
    <view>{{name}}</view>
    <view>{{age}}</view>
  </view>
  <!-- <view>{{name}}</view> --> <!-- Error! 不支持并列多个子节点 -->
</template>
<template is="x" data="{{ name: 'tom',age:15 }}"/>
```

与import不同，使用include可以将目标文件中的代码直接复制到include位置，既不局限于模板文件，也没有作用域的概念，使用起来更加方便灵活，下面是一个例子。

```
<!--4-45.axml -->
<include src="./header.axml"/><!-- 相对路径 -->
<view> body </view>
<include src="/pages/unit4/4-35/footer.axml"/> <!-- 绝对路径 -->
```

```
<!-- header.axml -->
<view> header </view>
```

```
<!-- footer.axml -->
<view> footer </view>
```

## 4.4.6 事件绑定

事件是视图层到逻辑层的通信方式，可以将用户的行为反馈到逻辑层中进行处理。事件绑定在组件上，当达到触发条件时，就会执行逻辑层中对应的事件处理函数。另外，它会将事件相关的信息封装到事件对象中。

小程序的事件继承了原生JS的事件流，将事件分为冒泡和非冒泡两种。

- 冒泡事件：当子组件上的事件被触发后，该事件会向父节点传递。
- 非冒泡事件：当子组件上的事件被触发后，该事件不会向父节点传递。

其中冒泡事件较为常见，具体如表4-10所示，除此之外为非冒泡事件。

表4-10 冒泡事件

| 类型 | 触发条件 |
|---|---|
| touchStart | 触摸动作开始 |
| touchMove | 触摸后移动 |
| touchEnd | 触摸动作结束 |
| touchcancel | 触摸动作被打断，如来电提醒、弹窗 |
| tap | 触摸后马上离开 |
| longTap | 触摸后，超过300ms再离开 |

事件绑定的写法与组件自定义属性相同，以key="value"的形式添加。其中key以on或catch开头，后面跟上事件的类型。例如，tap事件可以写成onTap或catchTap。value则是一个字符串，表示事件触发后对应执行事件处理函数的函数名，该函数需要在对应的Page中事先定义，不然触发事件时会报错。

on事件绑定不会阻止冒泡事件向上冒泡，catch事件绑定可以阻止冒泡事件向上冒泡，下面是一段示例代码。

```
<!-- 4-46.axml -->
<view id="outter" onTap="handleTap1">
  tap view1
  <view id="middle" catchTap="handleTap2">
    tap view2
    <view id="inner" onTap="handleTap3">
      tap view3
    </view>
  </view>
</view>
```

```
//4-46.js
Page({
  handleTap1:function(){alert("tap view1")},
  handleTap2:function(){alert("tap view2")},
  handleTap3:function(){alert("tap view3")},
})
```

在上面这段代码中，view1和view3采用on事件绑定，view2采用catch事件绑定。单击view3会先后触发handleTap3和handleTap2（因为view3的tap事件会冒泡到view2，而view2会阻止tap事件继续向上冒泡，不再向父节点传递），同样，单击view2后也只会触发handleTap2，无法向上传递触发view1的handleTap1事件。

当组件触发事件时，逻辑层绑定该事件的处理函数会收到一个事件对象。可以通过给事件处理函数添加一个默认参数来获得，示例代码如下。

```
<view id="tapTest" data-hi="Alipay" onTouchStart="tapName">
  <view id="tapTestInner" data-hi="AlipayInner">
    Click me!
  </view>
</view>
```

```
Page({
  tapName(event) {console.log(event)}
})
```

打开开发者工具的调试工具，并在模拟器中点击触发该事件，可以看到log出来的信息大致如下。

```
{
"type":"touchStart",
"timeStamp":1509680820512,
"target": {
    "dataset":  {"hi":"AlipayInner"},
    "id": "tapTestInner",
    "tagName":"view"
},
"currentTarget":  {
    "dataset": {"hi":"Alipay"},
    "id": "tapTest",
    "tagName":"view"
},
"touches":[{
    "clientX":46,
    "clientY":28,
    "identifier":0,
    "pageX":46,
    "pageY":28
```

		}]
	}

其中，BaseEvent基础事件对象的属性如表4-11所示。

表4-11 基础事件对象属性列表

| 属性 | 类型 | 描述 |
| --- | --- | --- |
| type | String | 事件类型 |
| timeStamp | Integer | 事件生成时的时间戳 |
| target | Object | 触发事件组件的一些属性值集合 |
| currentTarget | Object | 当前组件的一些属性值集合 |

除了这些基础属性外，还有一些自定义事件和触摸事件的属性（继承BaseEvent），如表4-12所示。

表4-12 扩展属性列表

| 属性 | 类型 | 描述 |
| --- | --- | --- |
| detail | Object | 额外的信息 |
| touches | Array | 当前停留在屏幕中的触摸点信息的数组 |
| changedTouches | Array | 当前变化的触摸点信息的数组 |

其中currentTarget和target对象有着类似的属性列表，如表4-13所示。

表4-13 组件属性列表

| 属性 | 类型 | 描述 |
| --- | --- | --- |
| id | String | 事件源组件的id |
| tagName | String | 当前组件的类型 |
| dataset | Object | 事件源组件上由data-开头的自定义属性的集合 |

从dataset中可以看到，在组件中可以定义数据，这些数据将会通过事件传递给逻辑层。书写方式以data-开头，多个单词由连字符"-"连接，如data-element-type，最终会在event.target.dataset中将连字符转成驼峰elementType，示例代码如下。

```
<view data-taobao-beta="1" onTap="bindViewTap"> DataSet Test </view>
```

```
Page({
  bindViewTap:function(event){
    alert(event.target.dataset.taobaoBeta );// "-"会转为驼峰写法
  }
})
```

Touches和changedTouches是一个数组，其中的每个元素分别为一个Touch对象（canvas触摸事件中携带的touches是 CanvasTouch对象的数组），表示当前停留在屏幕上的触摸点。Touch对象的属性如表4-14所示。

表4-14　Touch对象属性列表

| 属性 | 类型 | 对象 | 描述 |
|---|---|---|---|
| identifier | Number | Touch & CanvasTouch | 触摸点的标识符 |
| pageX, pageY | Number | Touch | 距离文档左上角的距离 |
| clientX, clientY | Number | Touch | 距离页面可显示的区域左上角的距离（屏幕除去导航条）|
| x, y | Number | CanvasTouch | 距离 Canvas 左上角的距离 |

detail是自定义事件所携带的数据，如表单组件的提交事件会携带用户的输入信息，媒体的错误事件会携带错误信息，详细的描述请参考组件定义中各个事件的定义。

## 4.5　样式ACSS

ACSS作为一套样式语言，用于描述AXML中组件的样式，决定组件应该如何表现。为了适应广大的前端开发者，ACSS具有CSS的大部分特性，同时为了更适合开发小程序，又在CSS的基础上进行了扩充。

与CSS相比，ACSS扩展的特性有以下几个方面。

（1）rpx。rpx（responsive pixel）可以根据屏幕宽度进行自适应。规定屏幕宽为750rpx。例如，iPhone6的屏幕宽度为375px，共有750个物理像素，则750rpx = 375px = 750物理像素，1rpx = 0.5px = 1物理像素，如表4-15所示。

表4-15　常见设备的rpx和px换算表

| 设备 | 将rpx换算px 为(屏幕宽度/750) | 将px换算为rpx (750/屏幕宽度) |
|---|---|---|
| iPhone5 | 1rpx = 0.42px | 1px = 2.34rpx |
| iPhone6 | 1rpx = 0.5px | 1px = 2rpx |
| iPhone6 Plus | 1rpx = 0.55px | 1px = 1.81rpx |

（2）样式导入。使用@import语句可以导入外联样式表，@import后需要加上外联样式表的相对路径，用"；"表示结束，示例代码如下。

```
/** button.acss **/
.sm-button {padding:5px;}
```

```
/* 4-5.acss */
@import "./button.acss";
```

```
button{ height: auto; line-height: 1.5em;}
.md-button {padding:30px;}
```

导入路径支持从 node_modules 目录载入第三方模块。

```
@import "./button.acss"; /*相对路径*/
@import "/button.acss"; /*项目绝对路径*/
@import "third-party/button.acss"; /*第三方 npm 包路径*/
```

（3）内联样式。组件上支持使用style、class属性来控制样式。

style属性：静态的样式统一写到class中。style接收动态的样式，样式在运行时会进行解析，尽量避免将静态的样式写进style中，以免影响渲染速度。

```
<view style="color:{{color}};" />
```

class属性：用于指定样式规则，属性值是样式规则中类选择器名（样式类名）的集合，样式类名不需要带"."，而是用空格分隔。

```
<view class="my-awesome-view" />
```

（4）选择器。与 css3 保持一致，以.a-, .am- 开头的类选择器为系统组件占用，不要使用不支持的属性选择器。

（5）全局样式与局部样式。定义在app.acss中的样式为全局样式，作用于每一个页面。在Page 的ACSS文件中定义的样式为局部样式，只作用于对应的页面，并且会覆盖app.acss中相同的选择器。

（6）页面容器样式。可以通过 page 元素选择器来设置页面容器的样式，如页面背景色，示例代码如下。

```
page {
  background-color: red;
}
```

CHAPTER
第5章
基础组件

组件是框架为开发者提供的一系列自定义标签，类似于HTML标签，用于定义页面的标签结构，开发者可以通过组合这些基础组件进行快速开发。与传统网页开发一样，组件标签都提供如id、class、style等共有属性，有些特殊的组件还有特别的属性，用于标记和设定。根据组件的用途，主要分为视图容器、基础内容及表单组件等。

重点导读

- 视图容器
- 基础内容
- 表单组件
- 导航
- 媒体组件

## 5.1 视图容器

视图容器主要用来包裹其他组件,也可以被其他组件包裹。其中基础容器view比较简单,滑块容器swiper和滚动容器scroll-view较为复杂,相关的属性设置也比较多。

### 5.1.1 基础容器view

标签view作为小程序的基础容器,其作用相当于HTML中的div标签或react-native中的view,用来对页面的文档结构进行分割,它的属性如表5-1所示。

表5-1 view组件的属性说明

| 属性 | 类型 | 默认值 | 描述 |
| --- | --- | --- | --- |
| hover-class | String | | 点击时添加的样式类 |
| hover-start-time | Number | | 按住多久后出现点击状态,单位为ms |
| hover-stay-time | Number | | 松开后点击状态保留时间,单位为ms |
| hidden | boolean | false | 是否隐藏 |
| class | String | | 自定义样式名 |
| style | String | | 内联样式 |
| animation | | | 用于动画,详见 my.createAnimation |
| onTap | EventHandle | | 点击 |
| onTouchStart | EventHandle | | 触摸动作开始 |
| onTouchMove | EventHandle | | 触摸后移动 |
| onTouchEnd | EventHandle | | 触摸动作结束 |
| onTouchCancel | EventHandle | | 触摸动作被打断,如来电提醒、弹窗 |
| onLongTap | EventHandle | | 长按500ms之后触发,触发了长按事件后进行移动将不会触发屏幕的滚动 |

其中class属性最为常用,用来为特定标签指定特定的样式(在ACSS样式表中的样式);style属性直接为标签添加内联样式;添加hidden属性的标签及其子节点将被隐藏,相当于设置内联样式display:none;hover-class属性的值在标签被点击时将被追加到标签的样式类,为标签追加样式;以on开头的一系列属性都是用来为标签绑定特定事件的。示例代码如下。

```
<!-- 5-11.axml -->
<text class="title">基础视图容器view,相当于web的div或者react-native的view。</text>
<view class="box">
    <view class="postUser" hidden> <!-- 添加hidden的标签与其子节点被隐藏 -->
        <view class="postUser__name" >Chris</view>
```

```
            </view>
            <view class="postBody" hover-class="red"> <!-- 当该标签被点击时,为其追
加red样式 -->
                <view class="postBody__content">欢迎使用支付宝小程序!!!</view>
            </view>
        </view>
```

上述示例代码的展示效果如图5-1所示,当点击框内的文字时,文字的颜色变红。

图 5-1　基础容器view

## 5.1.2　滑块容器swiper

滑块视图容器swiper标签是小程序中比较特殊的标签,要实现同样的功能,在网页开发当中需要使用大量的结构标签组合,并借助JS才能实现,而在小程序中只需要一组标签就可以。但也正是因为它的强大,其相关属性也比较复杂,如表5-2所示。

表5-2　swiper组件的属性说明

| 属性 | 类型 | 对象 | 描述 |
| --- | --- | --- | --- |
| indicator-dots | Boolean | false | 是否显示指示点 |
| indicator-color | Color | rgba(0, 0, 0, .3) | 指示点颜色 |
| indicator-active-color | Color | #000 | 当前选中的指示点颜色 |
| autoplay | Boolean | false | 是否自动切换 |
| current | Number | 0 | 当前页面的 index |
| duration | Number | 500(ms) | 滑动动画时长 |
| interval | Number | 5000(ms) | 自动切换时间间隔 |
| circular | Boolean | false | 是否启用无限滑动 |
| onChange | Function | 否 | current 改变时会触发,event.detail = {current: current} |

在swiper滑块容器内部,可以使用子项swiper-item及其他结构标签,示例代码如下。

```
<!-- 5-12.axml -->
<text class="title">滑块视图容器swiper</text>
```

```xml
<view class="box">
  <swiper indicator-dots="{{indicatorDots}}" autoplay="{{autoplay}}" vertical="{{vertical}}" interval="{{interval}}" circular="{{circular}}">
    <block a:for="{{background}}">
      <swiper-item>
        <view class="swiper-item bc_{{item}}"></view>
      </swiper-item>
    </block>
  </swiper>
</view>
```

```css
/* 5-12.acss */
.swiper-item{ height: 300rpx;}
.bc_green{ background: green;}
.bc_red{ background: red;}
.bc_yellow{ background: yellow;}
```

```js
// 5-12.js
Page({
  data: {
    indicatorDots: true,//是否显示指示点
    vertical:false,//是否垂直滚动
    autoplay: false,//是否自动
    interval: 3000,//间隔时间
    circular:true,//是否开启无限滚动
    background: ['green', 'red', 'yellow']
  }
})
```

上述示例代码的展示效果如图5-2所示。

图 5-2  滑块容器swiper

## 5.1.3 滚动容器scroll-view

与滑块视图容器swiper标签一样，滚动容器scroll-view也是小程序中比较复杂的标签之一，相当于在网页中给容器设置了比内容高度小的height及overflow:auto样式。它的相关属性如表5-3所示。

表5-3  scroll-view组件的属性说明

| 属性 | 类型 | 默认值 | 描述 |
| --- | --- | --- | --- |
| class | String | | 样式名 |
| style | String | | 内联样式名 |
| scroll-x | Boolean | false | 是否允许横向滚动 |
| scroll-y | Boolean | false | 是否允许纵向滚动 |
| upper-threshold | Number | 50 | 距顶部/左边多少距离（px）时触发 |
| lower-threshold | Number | 50 | 距底部/右边多少距离（px）时触发 |
| scroll-top | Number | | 竖向滚动条位置 |
| scroll-left | Number | | 横向滚动条位置 |
| scroll-into-view | String | | 值为某个子元素的id，滚动到该元素，元素顶部对齐滚动区域顶部 |
| scroll-with-animation | Boolean | false | 是否在设置滚动条位置时使用动画过渡 |
| onScrollToUpper | EventHandle | | 滚动到顶部/左边时触发 |
| onScrollToLower | EventHandle | | 滚动到底部/右边时触发 |
| onScroll | EventHandle | | 滚动时触发 event.detail = {scrollLeft, scrollTop, scrollHeight, scrollWidth, deltaX, deltaY} |

使用竖向滚动时，需要设置一个固定高度，通过ACSS设置height；使用水平滚动时，需要设置宽度，并在内部设置一个大于此宽度的容器，示例代码如下。

```
<!-- 5-13.axml -->
<text class="title">滚动视图容器scroll-view</text>
```

```
<view class="box">
  <text>vertical scroll</text>
  <scroll-view scroll-y="{{true}}" style="height: 200px;" onScrollToUpper="upper" onScrollToLower="lower" onScroll="scroll" scroll-into-view="{{toView}}" scroll-top="{{scrollTop}}">
      <view id="blue" class="scroll-view-item bc_blue"></view>
      <view id="red"  class="scroll-view-item bc_red"></view>
      <view id="yellow" class="scroll-view-item bc_yellow"></view>
      <view id="green" class="scroll-view-item bc_green"></view>
  </scroll-view>
  <view class="btns">
    <view onTap="tap">next</view>
    <view onTap="tapMove">move</view>
    <view onTap="scrollToTop">scrollToTop</view>
  </view>
</view>

<view class="box">
  <text>horizontal scroll</text>
  <scroll-view class="scroll-view_H" scroll-x="{{true}}" style="width: 100%" scroll-left="{{scrollLeft}}" >
      <view class="scroll-view-inner">
        <view id="blue2" class="scroll-view-item_H bc_blue"></view>
        <view id="red2"  class="scroll-view-item_H bc_red"></view>
        <view id="yellow2" class="scroll-view-item_H bc_yellow"></view>
        <view id="green2" class="scroll-view-item_H bc_green"></view>
      </view>
  </scroll-view>
</view>

/* 5-13.acss */
```

```css
.scroll-view-item{ height: 300rpx;}
.bc_blue{ background: blue;}
.bc_red{ background: red;}
.bc_yellow{ background: yellow;}
.bc_green{ background: green;}
.btns{ display: flex;}
.btns view{ flex:1; text-align: center; border:solid 1px #eee; padding:10rpx;}
.scroll-view_H{  height: 200px;}
.scroll-view-inner{width: 1600rpx;}
.scroll-view-item_H{ width: 400rpx; height: 200px; display: inline-block; }
```

```js
// 5-13.js
const order = ['blue','red','yellow','green'];
Page({
  data: {
    toView: 'red',
    scrollTop: 100,
    scrollLeft: 100,
  },
  upper(e) {console.log(e);},
  lower(e) {console.log(e);},
  scroll(e) {console.log(e.detail.scrollTop);},
  tap(){this.setData({toView:order[2]})},
  tapMove(){this.setData({toView:"",scrollTop:this.data.scrollTop+50})},
  scrollToTop(){this.setData({toView:"",scrollTop:0})}
});
```

上述示例代码的展示效果如图5-3所示。

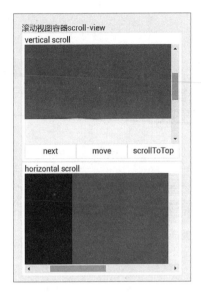

图 5-3　滚动容器scroll-view

需要注意的是，scroll-into-view的优先级高于scroll-top，即设置了scroll-into-view的值后，scroll-top设置无效。另外，在滚动scroll-view时会阻止页面回弹，因此，在scroll-view中滚动是无法触发onPullDownRefresh的。

## 5.2 基础内容

基础内容组件主要包含文字、图标和滚动条等基础内容，其中图标和滚动条组件在传统网页开发中是没有的，属于小程序特有的组件标签。

### 5.2.1 文字text

文字text标签相对较为简单，相当于网页中span标签，仅作为文字的容器，其属性也不复杂，如表5-4所示。

表5-4　text组件的属性说明

| 属性 | 类型 | 默认值 | 描述 |
| --- | --- | --- | --- |
| selectable | Boolean | false | 是否可选 |
| class | String | | 样式名 |
| style | String | | 内联样式 |

该组件只支持自身的嵌套，即text标签内仅可嵌套text标签，不能嵌套其他标签，示例代码如

下。

```
<!-- 5-21.axml -->
<text class="title">文字text</text>
<view class="box">
  <text>
    {{text}}
<text>world</text>
<!-- <view> 注意：text标签内，不要嵌套text以外的标签</view> -->
</text>
</view>
```

```
// 5-21.js
Page({
  data: {text: "hello"}
})
```

## 5.2.2 图标icon

图标icon标签是基于支付宝自身的UI规范，为小程序共享的一套图标库。与常规网页开发中使用背景图片定位或图片标签有很大区别。小程序一共提供了9种内置图标类型，并且可以任意设置尺寸和颜色。这些内置图标可以有效减少小程序的网络请求和流量，推荐在开发中使用。图标的类型和样式需要通过属性来设置，具体如表5-5所示。

表5-5 icon组件的属性说明

| 属性 | 类型 | 默认值 | 描述 |
| --- | --- | --- | --- |
| type | String | | icon 类型，有效值：info, warn, waiting, cancel, download, search, clear, success, success_no_circle |
| size | Number | 23 | icon 大小，单位为px |
| color | Color | | icon 颜色，同 CSS 的 color |

图标icon的使用和设置方法，示例代码如下。

```
<!-- 5-22.axml -->
<text class="title">图标icon</text>
<text class="title">Type</text>
<view class="box">
  <block a:for="{{iconType}}">
```

```
        <view class="item">
          <icon type="{{item}}" aria-label="{{item}}" size="45"/><text>{{item}}</text>
        </view>
      </block>
    </view>
```

```
    <text class="title">Size</text>
    <view class="box">
      <block a:for="{{iconSize}}">
        <view class="item">
          <icon type="success" size="{{item}}"/><text>{{item}}</text>
        </view>
      </block>
    </view>
```

```
    <text class="title">Color</text>
    <view class="box">
      <block a:for="{{iconColor}}">
        <view class="item">
          <icon type="success" size="45" color="{{item}}"/>
          <text style="color:{{item}}">{{item}}</text>
        </view>
      </block>
    </view>
```

```
/* 5-22.acss */
.item{ display: inline-block; text-align: center; padding: 0 10rpx;}
.item icon{display: block;}
```

```
// 5-22.js
Page({
  data: {
```

```
    iconSize: [20, 30, 40, 50, 60],
    iconColor: ['red', 'yellow', 'blue', 'green','#ccc'],
    iconType: ['success','info','warn','waiting','clear','success_no_circle','download','cancel','search']
  }
})
```

上述示例代码的展示效果如图5-4所示。

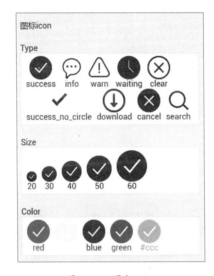

图 5-4　图标icon

## 5.2.3 进度条progress

进度条progress也是小程序中比较特殊的一个标签,可以实现各种加载的进度展示,使用起来相当方便,具体属性如表5-6所示。

表5-6　progress组件的属性说明

| 属性 | 类型 | 默认值 | 描述 |
| --- | --- | --- | --- |
| percent | Float |  | 百分比(0~100%) |
| show-info | Boolean | false | 在右侧显示百分比值 |
| stroke-width | Number | 6 | 线的粗细,单位为 px |
| activeColor | Color | #09BB07 | 已选择的进度条颜色 |
| backgroundColor | Color |  | 未选择的进度条颜色 |
| active | Boolean | false | 是否显示从左往右的加载动画 |

进度条progress的使用和设置方法,示例代码如下。

```
<!-- 5-23.axml -->
<text class="title">进度条progress</text>
<view class="box">
  <progress percent="20" />
  <progress percent="40" show-info/>
  <progress percent="60" stroke-width="15"/>
  <progress percent="80" active/>
  <progress percent="60" activeColor="#d00"/>
  <progress percent="40" backgroundColor="#dfc" activeColor="#5c0"/>
</view>
```

```
/* 5-23.acss */
progress{ margin-bottom: 30rpx;}
```

上述示例代码的展示效果如图5-5所示。

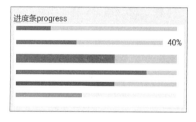

图 5-5　进度条progress

## 5.3　表单组件

表单组件在HTML表单的基础上，扩展了一些针对移动端更为优化的组件，如开关、滑块、选择器等。

### 5.3.1　表单form

表单form的功能与网页相同，都是为了提交数据使用的。单击form表单中的formType为submit的button组件时，会将表单组件中所有的value值进行提交。下面为表单组件中加上name来作为key值以区分这些数据，表单form具体的属性如表5-7所示。

表5-7　form组件的属性说明

| 属性名 | 类型 | 默认 | 描述 | 最低版本 |
|---|---|---|---|---|
| report-submit | boolean | | 在onSubmit回调时，是否返回formId用于发送模板消息，使用前可使用canIUse('form.report-submit')判断是否支持 | 1.2.0 |
| onSubmit | EventHandle | | 携带form中的数据触发submit事件，event.detail = {value : {'name': 'value'} , formId: ''} | |
| onReset | EventHandle | | 表单重置时会触发reset事件 | |
| class | String | | 样式名 | |
| style | String | | 内联样式 | |

表单form的使用和设置方法，示例代码如下。

```
<!-- 5-31.axml -->
<form onSubmit="formSubmit" onReset="formReset">
  <view class="section section_gap">
    <view class="section__title">switch</view>
    <switch name="switch"/>
  </view>
  <view class="section section_gap">
    <view class="section__title">slider</view>
    <slider name="slider" show-value ></slider>
  </view>
```

```
  <view class="section">
    <view class="section__title">input</view>
    <input name="input" placeholder="please input here" />
  </view>
  <view class="section section_gap">
    <view class="section__title">radio</view>
    <radio-group name="radio-group">
      <label><radio value="radio1"/>radio1</label>
      <label><radio value="radio2"/>radio2</label>
    </radio-group>
  </view>
  <view class="section section_gap">
    <view class="section__title">checkbox</view>
```

```
    <checkbox-group name="checkbox">
      <label><checkbox value="checkbox1"/>checkbox1</label>
      <label><checkbox value="checkbox2"/>checkbox2</label>
    </checkbox-group>
  </view>
  <view class="btn-area">
    <button type="primary" formType="submit">Submit</button>
    <button type="default" formType="reset">Reset</button>
  </view>
</form>
```

```
/* 5-31.acss */
.section{margin: 20rpx; background: #fff; padding: 20rpx;}
.btn-area{ margin: 20rpx;}
```

```
// 5-31.js
Page({
  formSubmit(e){console.log('form发生了submit事件，携带数据为: ', e.detail.value)},
  formReset(){console.log('form发生了reset事件')}
})
```

上述示例代码的展示效果如图5-6所示。

图 5-6　表单form

## 5.3.2 输入框input

输入框input作为最基础的表单元素，可以获取用户的文本输入，根据不同的type属性，又可设置为多种形态，具体的属性如表5-8所示。

表5-8 input组件的属性说明

| 属性 | 类型 | 默认值 | 描述 |
| --- | --- | --- | --- |
| value | String | | 初始内容 |
| name | String | | 组件名称，用于表单提交获取数据 |
| class | String | | 样式名 |
| style | String | | 内联样式 |
| type | String | text | input 的类型，有效值：text, number, idcard, digit |
| password | Boolean | false | 是否是密码类型 |
| placeholder | String | | 占位符 |
| disabled | Boolean | false | 是否禁用 |
| maxlength | Number | 140 | 最大长度 |
| focus | Boolean | false | 获取焦点 |
| onInput | EventHandle | | 键盘输入时触发input事件，event.detail = {value: value} |
| onConfirm | EventHandle | | 敲击键盘完成时触发，event.detail = {value: value} |
| onFocus | EventHandle | | 聚焦时触发，event.detail = {value: value} |
| onBlur | EventHandle | | 失去焦点时触发，event.detail = {value: value} |

输入框input的使用和设置方法，示例代码如下。

```
<!-- 5-32.axml -->
<text class="title">输入框input</text>
<view class="box">
    <view>此处只有在点击按钮时才聚焦</view>
    <input placeholder="请输入内容" focus="{{focus}}" />
    <button type="default" size="mini" onTap="bindButtonTap"> Button </button>
</view>
<view class="box">
    <view>最大输入长度10</view>
    <input maxlength="10" placeholder="请输入内容" />
</view>
<view class="box">
    <view>输入同步到view中</view>
    <input  onInput="bindKeyInput" placeholder="请输入内容" />
    {{inputValue}}
</view>
```

```
<view class="box">
  <view>这是一个数字输入框</view>
  <input type="number" placeholder="请输入内容" />
</view>
<view class="box">
  <view>这是一个密码输入框</view>
  <input password type="text" placeholder="请输入内容" />
</view>
<view class="box">
  <view>带小数点的数字键盘</view>
  <input type="digit" placeholder="请输入内容" />
</view>
<view class="box">
  <view>身份证输入键盘</view>
  <input type="idcard" placeholder="请输入内容" />
</view>
```

```
// 5-32.js
Page({
  data: {focus: false,inputValue: ''},
  bindButtonTap() {this.setData({focus: true});},
  bindKeyInput(e) {this.setData({inputValue: e.detail.value});},
});
```

不同输入框的type属性会弹出不同的虚拟键盘。例如，digit表示带小数点的数字键盘，idcard表示身份证输入键盘，如图5-7所示。

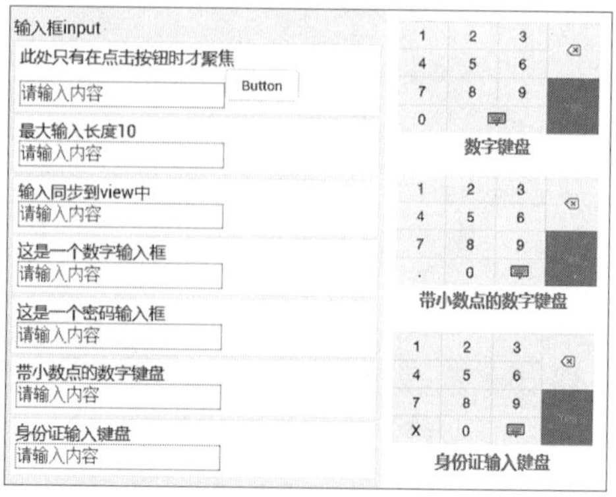

图 5-7　输入框input

### 5.3.3 按钮button

在小程序中，按钮button规定了一系列的系统样式，可以通过size和type来进行设置，loading可以设置按钮为加载状态，满足条件后才可用，具体的属性如表5-9所示。

表5-9 button组件的属性说明

| 属性 | 类型 | 默认值 | 描述 |
| --- | --- | --- | --- |
| size | String | default | 有效值default, mini |
| open-type | String |  | 开放能力，有效值share，触发自定义分享，可使用canIUse('button.open-type.share') 判断 |
| type | String | default | 样式类型，有效值primary, default, warn |
| plain | Boolean | false | 是否镂空 |
| disabled | Boolean | false | 是否禁用 |
| loading | Boolean | false | 按钮文字前是否带loading图标 |
| onTap | EventHandle |  | 点击事件 |
| form-type | String |  | 有效值submit, reset分别触发submit/reset事件 |
| hover-class | String | button-hover | 按钮被点击时的样式类。hover-class="none"时表示没有点击态效果 |
| hover-start-time | Number | 20 | 按住后多长时间出现点击状态，单位为ms |
| hover-stay-time | Number | 70 | 松开后点击状态保留时间，单位为ms |

按钮button的使用和设置方法，示例代码如下。

```
<!-- 5-33.axml -->
<text class="title">按钮button</text>
<view class="box">
  <view>Type</view>
  <button type="default">default</button>
  <button type="primary">primary</button>
  <button type="warn">warn</button>
</view>
<view class="box">
  <view>Misc</view>
  <button type="default" plain>plain</button>
  <button type="default" disabled>disabled</button>
  <button type="default" loading={{true}}>loading</button>
  <button type="default" hover-class="red">hover-red</button>
</view>
<view class="box">
```

```
  <view>Size</view>
  <button type="default" size="mini">mini</button>
</view>
<view class="box">
  <view>Form-type</view>
  <form onSubmit="onSubmit" onReset="onReset">
    <button form-type="submit">submit</button>
    <button form-type="reset">reset</button>
  </form>
</view>
```

系统提供了3种type样式、3种模式和激活状态，以及两种尺寸。form-type不涉及样式，仅设置表单中的按钮提交或重置方式。默认的button-hover样式为{background-color: rgba(0, 0, 0, 0.1); opacity: 0.7;}，效果如图5-8所示。

图 5-8　按钮button

## 5.3.4　单选框radio

单选框radio标签不能单独使用，需要使用radio-group标签来包裹。在radio-group上可以设置的属性如表5-10所示。

表5-10　radio-group组件的属性说明

| 属性 | 类型 | 默认值 | 描述 |
|---|---|---|---|
| onChange | EventHandle | | 选中项发生变化时触发，event.detail = {value: 选中项radio的value} |
| name | String | | 组件名称，用于表单提交获取数据 |

每个radio上可以设置的属性如表5-11所示。

表5-11　radio组件的属性说明

| 属性 | 类型 | 默认值 | 描述 |
|---|---|---|---|
| value | String | | 组件值，选中时change事件会携带的value |
| checked | Boolean | false | 当前是否选中 |
| disabled | Boolean | false | 是否禁用 |

单选框radio的使用和设置方法，示例代码如下。

```
<!-- 5-34.axml -->
<text class="title">单选框radio</text>
<view class="box">
  <form onSubmit="onSubmit" onReset="onReset">
    <radio-group class="radio-group" onChange="radioChange" name="testradio">
      <label class="radio" a:for="{{items}}">
        <radio value="{{item.name}}" checked="{{item.checked}}"/>{{item.value}}
      </label>
    </radio-group>
    <view class="button-group">
      <button type="default" size="mini" form-type="reset"> reset </button>
      <button type="primary" size="mini" form-type="submit"> submit </button>
    </view>
  </form>
</view>
```

```
/* 5-34.acss */
.radio-group label{ display: block; margin: 5rpx 0; }
.button-group{ text-align: center; border-top:solid 1px #eee; padding: 20rpx; margin-top: 20rpx;}
.button-group button{ display: inline-block; margin: 0 50rpx; }
```

```
// 5-34.js
```

```
Page({
  data: {
    items: [{name: 'angular', value: 'AngularJS'},
      {name: 'react', value: 'React', checked: true},
      {name: 'polymer', value: 'Polymer'},
      {name: 'vue', value: 'Vue.js'},
      {name: 'ember', value: 'Ember.js'},
      {name: 'backbone', value: 'Backbone.js'}]
  },
  radioChange: function(e) {
console.log('你选择的框架是: '+e.detail.value)
},
  onSubmit:function(e){
console.log('你提交的数据是: '+e.detail.value.testradio)
}
})
```

点击"reset"按钮可以重新设置表单的数据，效果如图5-9所示。

图 5-9　单选框radio

## 5.3.5 复选框checkbox

与单选框类似，复选框checkbox标签同样不能单独使用，需要使用checkbox-group标签包裹。checkbox-group与radio-group的属性相同，如表5-12所示。

表5-12 checkbox-group组件的属性说明

| 属性 | 类型 | 默认值 | 描述 |
|---|---|---|---|
| onChange | EventHandle | | 选中项发生变化时触发，event.detail = {value: 选中项checkbox的value} |
| name | String | | 组件名称，用于表单提交获取数据 |

每个checkbox上可以设置的属性如表5-13所示。

表5-13 checkbox组件的属性说明

| 属性 | 类型 | 默认值 | 描述 |
|---|---|---|---|
| value | String | | 组件值，选中时change事件会携带的value |
| checked | Boolean | false | 当前是否选中，可用来设置默认选中 |
| disabled | Boolean | false | 是否禁用 |
| onChange | EventHandle | | 组件发生改变时触发，detail = {value: 该checkbox是否checked} |

复选框checkbox的使用和设置方法，示例代码如下。

```
<!-- 5-35.axml -->
<text class="title">复选框checkbox</text>
<view class="box">
  <form onSubmit="onSubmit" onReset="onReset">
    <checkbox-group onChange="onChange" name="testcheckbox">
      <label class="checkbox" a:for="{{items}}">
        <checkbox value="{{item.name}}" checked="{{item.checked}}" disabled="{{item.disabled}}" />
        <text class="checkbox-text">{{item.value}}</text>
      </label>
    </checkbox-group>
    <view class="button-group">
      <button type="primary" form-type="submit"> submit </button>
      <button type="default" form-type="reset"> reset </button>
    </view>
  </form>
</view>
```

```
/* 5-35.acss */
.checkbox{ display: block; margin: 5rpx 0; }
.button-group{ text-align: center; border-top:solid 1px #eee; padding: 20rpx; margin-top: 20rpx;}
```

```css
.button-group button{ margin: 20rpx 0; }
```

```js
// 5-35.js
Page({
  data: {
    items: [{name: 'angular', value: 'AngularJS'},
      {name: 'react', value: 'React', checked: true},
      {name: 'polymer', value: 'Polymer'},
      {name: 'vue', value: 'Vue.js'},
      {name: 'ember', value: 'Ember.js'},
      {name: 'backbone', value: 'Backbone.js'}]
  },
onChange: function(e) {
my.alert({title: `选择的框架是 ${e.detail.value}`});
},
  onSubmit:function(e){
console.log('提交的数据是: '+e.detail.value.testcheckbox)
}
})
```

上述示例代码的展示效果如图5-10所示。

图 5-10 复选框checkbox

## 5.3.6 开关switch

开关switch选择器是一种特殊的单选框组件（仅有真假两个值），具体的属性如表5-14所示。

表5-14　switch组件的属性说明

| 属性 | 类型 | 默认值 | 描述 |
| --- | --- | --- | --- |
| name | String | | 组件名称，用于表单提交获取数据 |
| checked | Boolean | | 是否选中 |
| disabled | Boolean | | 是否禁用 |
| color | String | | 组件颜色 |
| onChange | EventHandle | | checked 改变时触发，event.detail={ value:checked} |

开关switch选择器的使用和设置方法，示例代码如下。

```
<!-- 5-36.axml -->
<text class="title">开关switch选择器</text>
<view class="box">
  <switch onChange="switchChange" name="testswitch"/>
  <switch checked />
  <switch disabled/>
  <switch checked color="#c00"/>
</view>
```

```
/* 5-36.acss */
switch{ display: block; margin: 5rpx 0; }
// 5-36.js
Page({
  switchChange (e){
my.alert({title:'switchChange 事件，值:'+e.detail.value})
},
})
```

上述示例代码的展示效果如图5-11所示。

图 5-11　开关switch选择器

## 5.3.7 标记label

标记label可以用来改进表单组件的可用性,使用 for 属性找到对应组件的 id,或者将组件放在该标签下,单击label内容时,就会聚焦对应id的组件。for优先级高于内部组件,内部有多个组件时默认触发第一个组件。

目前可以绑定的控件有"checkbox/""radio/""input/"及"textarea/",它的属性如表5-15所示。

表5-15　label组件的属性说明

| 属性 | 类型 | 描述 |
| --- | --- | --- |
| for | String | 绑定组件的id |
| class | String | 样式名 |
| style | String | 内联样式 |

标记label的使用和设置方法,示例代码如下。

```
<!-- 5-37.axml -->
<text class="title">标记label</text>
<view class="box">
  <text>Checkbox, label 套 checkbox</text>
  <checkbox-group>
    <view>
      <label>
        <checkbox value="aaa" />
        <text>aaa</text>
      </label>
    </view>
    <view>
      <label><checkbox value="bbb" /><text>bbb</text></label>
    </view>
  </checkbox-group>
</view>
<view class="box">
  <text>Radio, 通过 for 属性关联</text>
  <radio-group>
    <view>
      <radio id="aaa" value="aaa" />
```

```
<label for="aaa">aaa</label>
    </view>
    <view>
      <radio id="bbb" value="bbb" />
<label for="bbb">bbb</label>
    </view>
  </radio-group>
</view>
<view class="box">
  <view>多个 Checkbox 只选中最后一个</view>
  <label>
<checkbox>选不中</checkbox>
<checkbox>选不中</checkbox>
<checkbox>选不中</checkbox>
<checkbox>选中我</checkbox>
<text>Click Me</text>
</label>
</view>
```

上述示例代码的展示效果如图5-12所示。

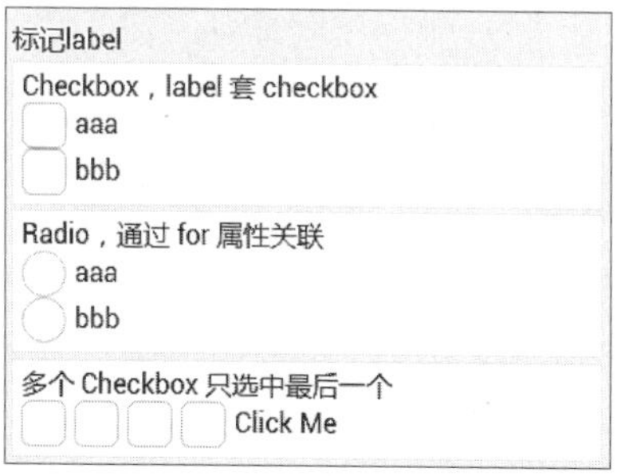

图 5-12  标记label

## 5.3.8 多行输入textarea

与文本输入input标签相比，多行输入textarea可以进行大量内容的输入，具体的属性如表5-16所示。

表5-16　textarea组件的属性说明

| 属性 | 类型 | 默认值 | 描述 |
|---|---|---|---|
| name | String |  | 组件名称，用于表单提交获取数据 |
| value | String |  | 初始内容 |
| placeholder | String |  | 占位符 |
| class | String |  | 样式名 |
| style | String |  | 内联样式 |
| disabled | Boolean | false | 是否禁用 |
| maxlength | Number | 140 | 最大长度 |
| focus | Boolean | false | 获取焦点 |
| auto-height | Boolean | false | 是否自动增高 |
| onInput | EventHandle |  | 键盘输入时触发，event.detail = {value: value}，可以直接 return 一个字符串以替换输入框的内容 |
| onFocus | EventHandle |  | 输入框聚焦时触发，event.detail = {value: value} |
| onBlur | EventHandle |  | 输入框失去焦点时触发，event.detail = {value: value} |
| onConfirm | EventHandle |  | 点击完成时触发，event.detail = {value: value} |

多行输入textarea的使用和设置方法，示例代码如下。

```
<!-- 5-38.axml -->
<text class="title">多行输入textarea</text>
<view class="box">
  <textarea onBlur="bindTextAreaBlur" auto-height placeholder="自动变高" />
</view>
<view class="box">
  <textarea placeholder="只有在点击按钮时才聚焦" focus="{{focus}}" />
  <view class="btn-area">
<button onTap="bindButtonTap">使得输入框获取焦点</button>
</view>
</view>
<view class="box">
  <form onSubmit="bindFormSubmit">
<textarea placeholder="form 中的 textarea" name="textarea"/>
<button type="primary" form-type="submit"> 提交 </button>
  </form>
</view>
```

```
// 5-38.js
Page({
```

```
data: {focus: false,inputValue: ''},
bindButtonTap() {this.setData({focus: true})},
bindTextAreaBlur: function(e) {console.log(e.detail.value)},
bindFormSubmit: function(e) {console.log(e.detail.value.textarea)}
})
```

上述示例代码的展示效果如图5-13所示。

图 5-13　多行输入textarea

## 5.3.9　滑动条slider

滑动条slider主要用来设置一些数值，具体的属性如表5-17所示。

表5-17　slider组件的属性说明

| 属性 | 类型 | 默认值 | 描述 |
| --- | --- | --- | --- |
| name | String | | 组件名称，用于表单提交获取数据 |
| min | Number | 0 | 最小值 |
| max | Number | 100 | 最大值 |
| step | Number | 1 | 步长，值必须大于0，并可被(max - min)整除 |
| disabled | Boolean | false | 是否禁用 |
| value | Number | 0 | 当前取值 |
| show-value | Boolean | false | 是否显示当前 value |
| activeColor | String | | 已选择的颜色 |
| backgroundColor | String | | 背景条的颜色 |
| trackSize | Number | | 轨道线条高度 |
| handleSize | Number | | 滑块大小 |
| handleColor | String | | 滑块填充色 |
| onChange | EventHandle | | 完成一次拖动后触发，event.detail = {value: value} |

根据这些属性，可以自定义组件的样式，示例代码如下。

```
<!-- 5-39.axml -->
<text class="title">滑动条slider</text>
```

```
<view class="box">
  <text>设置step</text>
  <view class="body-view">
    <slider value="60" onChange="sliderChange" step="5"/>
  </view>
</view>
<view class="box">
  <text>显示当前value</text>
  <view class="body-view">
    <slider value="50" show-value/>
  </view>
</view>
<view class="box">
  <text>设置最小/最大值</text>
  <view class="body-view"><slider value="100" min="50" max="200" show-value/></view>
</view>
<view class="box">
  <text>自定义样式</text>
  <view class="page-section-demo">
    <slider value="33" onChange="slider4change" min="25" max="50" show-value
      backgroundColor="#FFAA00" activeColor="#00aaee" trackSize="2" handleSize="6" handleColor="blue" />
  </view>
</view>
```

```
/* 5-39.acss */
slider{ margin: 30rpx 0;}
```

```
// 5-39.js
Page({
  sliderChange(e) {console.log('slider 改变后的值:', e.detail.value)}
});
```

上述示例代码的展示效果如图5-14所示。

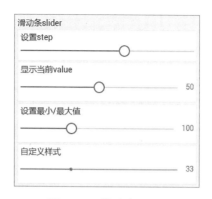

图 5-14　滑动条slider

## 5.3.10　选择器picker

选择器picker相当于网页中的select，用来选择数据，具体的属性如表5-18所示。

表5-18　picker组件的属性说明

| 属性 | 类型 | 默认值 | 描述 |
| --- | --- | --- | --- |
| range | String[] / Object[] | [] | String[] 时，表示可选择的字符串列表；Object[] 时，需指定 range-key 表示可选择的字段 |
| range-key | String | | 当 range 是一个 Object[] 时，通过 range-key 来指定 Object 中 key 的值作为选择器显示内容 |
| value | Number | | 表示选择了 range 中的第几个（下标从 0 开始） |
| onChange | EventHandle | | value 改变时触发，event.detail = {value: value} |
| disabled | Boolean | false | 是否禁用 |

选择器picker的使用和设置方法，示例代码如下。

```
<!-- 5-3a.axml -->
<text class="title">选择器picker</text>
<view class="box">
  <text>使用数组数据</text>
  <picker onChange="bindPickerChange" value="{{index}}" range="{{array}}">
    <view class="picker">
      当前选择：{{array[index]}}
    </view>
  </picker>
</view>
```

```
<view class="box">
    <text>使用数组对象ObjectArray</text>
    <picker onChange="bindObjPickerChange" value="{{arrIndex}}" range="{{objectArray}}" range-key="name">
        <view class="row">
            <view class="row-extra">当前选择: {{objectArray[arrIndex].name}}</view>
        </view>
    </picker>
</view>
```

```
// 5-3a.js
Page({
  data: {
    array: ['中国', '美国', '巴西', '日本'],
    objectArray: [
      {id: 0,name: '美国'},
      {id: 1,name: '中国'},
      {id: 2,name: '巴西'},
      {id: 3,name: '日本'}
    ],
    arrIndex: 0,
    index: 0
  },
  bindPickerChange(e) {
    console.log('picker发送选择改变, 携带值为', e.detail.value);
    this.setData({index: e.detail.value,});
  },
  bindObjPickerChange(e) {
    console.log('picker发送选择改变, 携带值为', e.detail.value);
    this.setData({arrIndex: e.detail.value,});
  },
});
```

上述示例代码的展示效果如图5-15所示。

图 5-15　选择器picker

## 5.3.11　嵌入选择器picker-view

嵌入选择器picker-view是相对于picker从底部弹出而言的，用来将选择器嵌入页面结构中，具体的属性如表5-19所示。

表5-19　picker-view组件的属性说明

| 属性 | 类型 | 默认值 | 描述 |
| --- | --- | --- | --- |
| value | Number Array | | 数字表示 picker-view-column 中对应的 index |
| indicatorStyle | String | | 选中框样式 |
| onChange | EventHandle | | 滚动选择 value 改变时触发，event.detail = {value: value}；value为数组，表示 picker-view 内的 picker-view-column index 索引，从 0 开始 |

值得注意的是，嵌入选择器picker-view内只可放置组件，其他节点不会显示。也不要使用hidden 或 display:none 控制组件，需要隐藏时用 a:if 切换，示例代码如下。

```
<!-- 5-3b.axml -->
<text class="title">嵌入选择器picker-view</text>
<view class="box">
```

```
<picker-view onChange="onChange" >
    <picker-view-column><view a:for={{year}}>{{item}}</view></picker-view-column>
    <picker-view-column><view a:for={{season}}>{{item}}</view></picker-view-column>
</picker-view>
<view>{{value}}</view>
</view>
```

```
// 5-3b.js
Page({
  data: {year:[2013,2014],season:['春','夏','秋','冬'],value:"请选择",},
  onChange(e) {console.log(e.detail.value);
    var that=this,temp="";
    e.detail.value.forEach(function(v,i){
       if(i===0){temp+=that.data.year[v]}else if(i===1){temp+=that.data.season[v]}
    });
    this.setData({value:"当前的选择是: "+temp });
  },
});
```

上述示例代码的展示效果如图5-16所示。

图 5-16　嵌入选择器picker-view

## 5.4 导航

导航navigator相当于网页当中的超链接a标签,主要用来进行页面的链接和跳转。注意这里的页面主要是指小程序中的页面,不包含HTML5网页,所以URL只能设置内部的页面地址,具体属性如表5-20所示。

表5-20 navigator组件的属性说明

| 属性 | 类型 | 默认值 | 描述 |
| --- | --- | --- | --- |
| hover-class | String | none | 点击时附加的类 |
| hover-start-time | Number | | 按住后多长时间出现点击状态,单位为ms |
| hover-stay-time | Number | | 松开后点击状态保留时间,单位为ms |
| url | String | | 应用内的跳转链接 |
| open-type | String | navigate | 跳转方式,有效值有navigate、redirect、switchTab、navigateBack |

其中open-type的有效值分别对应API导航栏中的几种页面跳转方式:my.navigateTo、my.redirectTo、my.switchTab和my.navigateBack,后续章节中将会提到,示例代码如下。

```
<!-- 5-4.axml -->
<text class="title">导航navigator</text>
<view class="box">
  <navigator url="/pages/index/index?title=navigate" hover-class="navigator-hover">跳转到新页面</navigator>
  <navigator url="./../index/index?title=redirect" open-type="redirect" hover-class="navigator-hover">在当前页打开</navigator>
  <navigator url="/pages/about/about" open-type="switchTab" hover-class="navigator-hover">切换 Tab</navigator>
</view>
```

```
/* 5-4.acss */
navigator{ color: #06c; padding:10rpx 0; border-bottom: solid 1px #ccc; display: block}
.navigator-hover{ color:#d00;}
```

跳转到新页面会在页面栈中增加一页;在当前页面打开会将页面栈中的当前页替换为新页面;切换到Tab页会清空页面栈,然后加入当前Tab页进入页面栈,如图5-17所示。

图 5-17　导航navigator

## 5.5　媒体组件

媒体image主要用来加载图片资源，与网页img标签相似，但小程序为其增加了模式属性，该属性共有4种缩放模式和9种裁剪模式，具体属性如表5-21所示。

表5-21　image组件的属性说明

| 属性 | 类型 | 默认值 | 描述 |
| --- | --- | --- | --- |
| src | String | | 图片地址 |
| mode | String | scaleToFill | 图片模式 |
| class | String | | 样式名 |
| style | String | | 内联样式 |
| onError | HandleEvent | | 图片加载错误时触发，事件对象event.detail = {errMsg: 'something wrong'} |
| onLoad | HandleEvent | | 图片载入完毕时触发，事件对象event.detail = {height:'图片高度px', width:'图片宽度px'} |

组件默认宽高分别是300px和225px，其中模式属性mode的有效值如表5-22所示。

表5-22　mode模式的有效值

| 属性 | 模式类型 | 描述 |
| --- | --- | --- |
| scaleToFill | 缩放 | 不保持纵横比缩放，使图片的宽高完全拉伸至填满 image 元素 |
| aspectFit | 缩放 | 保持纵横比缩放，使图片的长边能完全显示出来。也就是说，可以完整地将图片显示出来 |
| aspectFill | 缩放 | 保持纵横比缩放，只保证图片的短边能完全显示出来。也就是说，图片通常只在水平或垂直方向是完整的，另一个方向将会发生截取 |
| widthFix | 缩放 | 宽度不变，高度自动变化，保持原图宽高比不变 |
| top | 裁剪 | 不缩放图片，只显示顶部区域 |
| bottom | 裁剪 | 不缩放图片，只显示底部区域 |
| center | 裁剪 | 不缩放图片，只显示中间区域 |
| left | 裁剪 | 不缩放图片，只显示左边区域 |
| right | 裁剪 | 不缩放图片，只显示右边区域 |
| top left | 裁剪 | 不缩放图片，只显示左上边区域 |
| top right | 裁剪 | 不缩放图片，只显示右上边区域 |
| bottom left | 裁剪 | 不缩放图片，只显示左下边区域 |
| bottom right | 裁剪 | 不缩放图片，只显示右下边区域 |

详细的用法可参考如下示例代码。

```
<!-- 5-5.axml -->
<text class="title">媒体image</text>
<view class="box">
  <view class="section">
    <image src="{{src}}" style="width:100px; height:140px;"/>
    <view>原图</view>
  </view>
  <view class="section" a:for="{{mode}}" a:for-item="item">
    <image mode="{{item}}" src="{{src}}" onError="imageError" onLoad="imageLoad" />
    <view>{{item}}</view>
  </view>
</view>
```

```
/* 5-5.acss */
.section{ display: inline-block; text-align: center; }
image{ background-color: #fc0; width: 70px; height:70px; margin-right: 10rpx; }
```

```
// 5-5.js
Page({
  data: {
mode:['scaleToFill','aspectFit','aspectFill','widthFix','top','bottom','center',
   'left','right','top left','top right','bottom left','bottom right'],
    src: '/images/test.png'
  },
  imageError: function (e) {console.log('image3 发生错误', e.detail.errMsg)},
  imageLoad: function (e) {console.log('image 加载成功', e);}
})
```

上述示例代码的展示效果如图5-18所示。

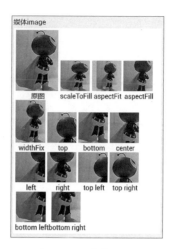

图 5-18 媒体 image

## 5.6 地图

地图 map 用来显示地图，支付宝小程序使用高德地图作为基础数据，该组件需要配置的属性相当多，个别属性的配置也比较复杂，具体属性如表 5-23 所示。

表 5-23 map 组件的属性说明

| 属性 | 类型 | 默认值 | 描述 |
| --- | --- | --- | --- |
| style | String | | 内联样式 |
| class | String | | 样式名 |
| longitude | Number | | 中心经度 |
| latitude | Number | | 中心纬度 |
| scale | Number | 16 | 缩放级别，范围为 5～18 |
| markers | Array | | 标记点 |
| polyline | Array | | 路线 |
| circles | Array | | 圆 |
| controls | Array | | 控件 |
| polygon | Array | | 多边形 |
| includePoints | Array | | 缩放视野以包含所有给定的坐标点 |
| show-location | Boolean | | 是否显示带有方向的当前定位点 |
| onMarkerTap | EventHandle | | 点击标记点时触发 |
| onCalloutTap | EventHandle | | 点击标记点对应的气泡时触发 |
| onControlTap | EventHandle | | 点击控件时触发 |
| onRegionChange | EventHandle | | 视野发生变化时触发，{type: "begin" / "end", latitude, longitude, scale} |
| onTap | EventHandle | | 点击地图时触发 |

值得注意的是，地图组件的经纬度是必填的，如果不填经纬度则默认为北京的经纬度。其中一些属性比较复杂，具体的配置需要进行拆分。

markers标记点，用于在地图上显示标记的位置，具体属性如表5-24所示。

表5-24　markers标记点的属性说明

| 属性 | 说明 | 类型 | 必填 | 备注 |
| --- | --- | --- | --- | --- |
| id | 标记点id | Number | 否 | 标记点id，点击事件回调会返回此id |
| latitude | 纬度 | Float | 是 | 范围为−90°~90° |
| longitude | 经度 | Float | 是 | 范围为−180°~180° |
| title | 标注点名 | String | 否 | |
| iconPath | 显示的图标 | String | 是 | 项目目录下的图片路径 |
| rotate | 旋转角度 | Number | 否 | 顺时针旋转的角度，范围为0~360°，默认为0 |
| alpha | 标注的透明度 | Number | 否 | 是否透明，默认为1 |
| width | 标注图标宽度 | Number | 否 | 默认为图片的实际宽度 |
| height | 标注图标高度 | Number | 否 | 默认为图片的实际高度 |
| callout | 标记点上的气泡窗口 | Object | 否 | {content} |
| anchor | 经纬度在标注图标中的锚点，默认底边中点 | Object | 否 | {x, y}，x表示横向(0-1)，y表示竖向(0-1)，{x: .5, y: 1}表示底边中点 |

polygon用于构造多边形对象，具体属性如表5-25所示。

表5-25　polygon对象的属性说明

| 属性 | 说明 | 类型 | 必填 | 备注 |
| --- | --- | --- | --- | --- |
| points | 经纬度数组 | Array | 是 | [{latitude: 0, longitude: 0}] |
| color | 线的颜色 | String | 否 | 用8位十六进制表示，后两位表示alpha值，如#eeeeeeAA |
| fillColor | 填充色 | String | 否 | 用8位十六进制表示，后两位表示alpha值，如#eeeeeeAA |
| width | 线的宽度 | Number | 否 | |

polyline用于指定一系列坐标点，从数组第一项连线至最后一项，具体属性如表5-26所示。

表5-26　polyline对象的属性说明

| 属性 | 说明 | 类型 | 必填 | 备注 |
| --- | --- | --- | --- | --- |
| points | 经纬度数组 | Array | 是 | [{latitude: 0, longitude: 0}] |
| color | 线的颜色 | String | 否 | 用8位十六进制表示，后两位表示alpha值，如#eeeeeeAA |
| width | 线的宽度 | Number | 否 | |
| dottedLine | 是否虚线 | Boolean | 否 | 默认false |

circles用于在地图上显示圆，具体属性如表5-27所示。

表5-27　circles对象的属性说明

| 属性 | 说明 | 类型 | 必填 | 备注 |
| --- | --- | --- | --- | --- |
| latitude | 纬度 | Float | 是 | 范围为−90°~90° |
| longitude | 经度 | Float | 是 | 范围为−180°~180° |

续表

| 属性 | 说明 | 类型 | 必填 | 备注 |
|---|---|---|---|---|
| color | 描边的颜色 | String | 否 | 用8位十六进制表示，后两位表示alpha值，如#eeeeeeAA |
| fillColor | 填充颜色 | String | 否 | 用8位十六进制表示，后两位表示alpha值，如#eeeeeeAA |
| radius | 半径 | Number | 是 | |
| strokeWidth | 描边的宽度 | Number | 否 | |

controls用于在地图上显示不随地图移动的控件，具体属性如表5-28所示。

表5-28　controls对象的属性说明

| 属性 | 说明 | 类型 | 必填 | 备注 |
|---|---|---|---|---|
| id | 控件id | Number | 否 | 控件id，点击事件回调会返回此id |
| position | 控件在地图中的位置 | Object | 是 | 相对地图位置 |
| iconPath | 显示的图标 | String | 是 | 项目目录下的图片路径，可以用相对路径写法，以'/'开头则表示相对小程序根目录 |
| clickable | 是否可点击 | Boolean | 否 | 默认为false |

其中，position表示使用对象，具体属性如表5-29所示。

表5-29　position对象的属性说明

| 属性 | 说明 | 类型 | 必填 | 备注 |
|---|---|---|---|---|
| left | 距离地图的左边界有多远 | Number | 否 | 默认为0 |
| top | 距离地图的上边界有多远 | Number | 否 | 默认为0 |
| width | 控件宽度 | Number | 否 | 默认为图片宽度 |
| height | 控件高度 | Number | 否 | 默认为图片高度 |

详细的用法可参考如下示例代码。

```
<!-- 5-6.axml -->
<text class="title">地图map</text>
<view class="box">
  <map id="map" longitude="120.131441" latitude="30.279383" scale="{{scale}}" controls="{{controls}}"
    onControlTap="controltap" markers="{{markers}}"
    onMarkerTap="markertap"
    polyline="{{polyline}}" circles="{{circles}}"
    onRegionChange="regionchange"
    onTap="tap"
    show-location style="width: 100%; height: 300px;"
    include-points="{{includePoints}}"></map>
  <button size="mini" onTap="changeScale">改scale</button>
  <button size="mini" onTap="getCenterLocation">getCenterLocation</button>
```

```
    <button size="mini" onTap="moveToLocation">moveToLocation</button>
    <button size="mini" onTap="changeCenter">改center</button>
    <button size="mini" onTap="changeMarkers">改markers</button>
</view>
```

```css
/* 5-6.acss */
button{ display: inline-block; margin: 10rpx; }
```

```js
// 5-6.js
Page({
  data: {
    scale: 14,
    longitude: 120.131441,
    latitude: 30.279383,
    markers: [{iconPath: "/images/office.png",id: 10, longitude: 120.137517, latitude: 30.281383, width: 30, height: 30}],
    includePoints: [{longitude: 120.131441,latitude: 30.279383,}],
    polyline: [{
      points: [
{longitude: 120.121441,latitude: 30.284383},
{longitude: 120.131441,latitude: 30.279383},
{longitude: 120.137517,latitude: 30.281383}
],
      color: "#FF000066",
      width: 5,
      dottedLine: false
    }],
    circles: [{
      longitude: 120.121441,
      latitude: 30.284383,
      color: "#000000AA",
      fillColor: "#000000AA",
      radius: 80,
      strokeWidth: 5,
```

```
    }],
    controls: [{
      id: 5,
      iconPath: '/images/gavin.png',
      position: {left: 10,top: 10,width: 100,height: 30},
      clickable: true
    }]
  },
```

```
  // 使用 my.createMapContext 获取 map 上下文
  onReady(e) {
this.mapCtx = my.createMapContext('map')
  },
  getCenterLocation() {
this.mapCtx.getCenterLocation(function (res) {
  console.log(res.longitude);console.log(res.latitude)
})
  },
  moveToLocation() {this.mapCtx.moveToLocation()},
  regionchange(e) {
    console.log('regionchange', e);
   // 注意：如果缩小或放大了地图比例尺，要在onRegionChange函数中重新设置data的
scale值，否则拖动地图区域后会重新加载，导致地图比例尺又变回缩放前的大小
    if (e.type === 'end') {this.setData({scale: e.scale});}
  },
  markertap(e) {console.log('marker tap', e);},
  controltap(e) {console.log('control tap', e);},
  tap() {console.log('tap:');},
  changeScale() {this.setData({scale: 8,});},
  changeCenter() {
    this.setData({
      longitude: 113.324520,
      latitude: 23.199994,
      includePoints: [
```

```
      {longitude: 113.324520,latitude: 23.199994,}
    ],
      });
    },
    changeMarkers() {
      this.setData({
        markers: [{
          iconPath: "/images/home.png",
          id: 10,
          longitude: 113.324520,
          latitude: 21.21229,
          width: 30,
          height: 30
        }],
        includePoints: [{longitude: 113.324520,latitude: 21.21229,}],
      });
    },
  })
```

上述示例代码的展示效果如图5-19所示。

图 5-19　地图map

## 5.7 画布

画布canvas用于在页面上绘制图形，如同HTML5中的canvas标签一样，其标签本身只是一个容器，没有任何绘图能力，具体的实现需要通过小程序提供的API来完成，其属性如表5-30所示。

表5-30 canvas的属性说明

| 属性 | 类型 | 默认值 | 描述 |
| --- | --- | --- | --- |
| id | String | | 组件唯一标识符 |
| style | String | | 内联样式 |
| class | String | | 样式名 |
| width | String | 300px | 宽 |
| height | String | 225px | 高 |
| disable-scroll | Boolean | false | 禁止屏幕滚动及下拉刷新 |
| onTap | EventHandle | | 点击 |
| onTouchStart | EventHandle | | 触摸动作开始 |
| onTouchMove | EventHandle | | 触摸后移动 |
| onTouchEnd | EventHandle | | 触摸动作结束 |
| onTouchCancel | EventHandle | | 触摸动作被打断，如来电提醒、弹窗 |
| onLongTap | EventHandle | | 长按500ms之后触发，触发了长按事件后进行移动将不会触发屏幕的滚动 |

如果需要在高dpr下取得更细致的显示，可以先将canvas用属性设置放大，再用样式缩小。

```
<!-- getSystemInfoSync().pixelRatio === 2 -->
<canvas width="200" height="200" style="width:100px;height:100px;"/>
```

详细的用法可参考下面的示例代码。

```
<!-- 5-7.axml -->
<text class="title">画布canvas</text>
<view class="box">
  <canvas id="canvas" onTouchStart="log" onTouchMove="log" onTouchEnd="log" width="300" height="300"/>
</view>
```

```
/* 5-7.acss */
canvas{ width: 300px; height: 300px; border:solid 5px #ccc; }
```

```
// 5-7.js
Page({
```

```
onReady() {
  this.point = {
    x: Math.random() * 290,//水平位置
    y: Math.random() * 290,//垂直位置
    dx: Math.random() * 5,//步长（每次移动的距离）
    dy: Math.random() * 5,//步长
    r: Math.round(Math.random() * 255 | 0),//颜色RGB
    g: Math.round(Math.random() * 255 | 0),
    b: Math.round(Math.random() * 255 | 0),
  };
  //使用bind绑定当前的this指向
  this.interval = setInterval(function(){this.draw()}.bind(this), 25);
},
draw() {
  var ctx = my.createCanvasContext('canvas');
  ctx.setFillStyle('#FFF');
  ctx.fillRect(0, 0, 305, 305);ctx.beginPath();
  ctx.arc(this.point.x, this.point.y, 10, 0, 2 * Math.PI);
  ctx.setFillStyle("rgb(" + this.point.r + ", " + this.point.g + ", " + this.point.b + ")");
  ctx.fill();ctx.draw();
  this.point.x += this.point.dx;
  this.point.y += this.point.dy;
  if (this.point.x <= 10 || this.point.x >= 290) {
    this.point.dx = -this.point.dx;
    this.point.r = Math.round(Math.random() * 255 | 0);
    this.point.g = Math.round(Math.random() * 255 | 0);
    this.point.b = Math.round(Math.random() * 255 | 0);
  }
  if (this.point.y <= 10 || this.point.y >= 290) {
    this.point.dy = -this.point.dy;
    this.point.r = Math.round(Math.random() * 255 | 0);
    this.point.g = Math.round(Math.random() * 255 | 0);
```

```
            this.point.b = Math.round(Math.random() * 255 | 0);
        }
    },
    log(e) {
        if (e.touches && e.touches[0]) {console.log(e.type, e.touches[0].x, e.touches[0].y);
        } else {console.log(e.type);}
    },
    onUnload() {clearInterval(this.interval)}
})
```

上述代码将在页面上显示一个画布，其中的小球会在四壁来回反弹，每次碰壁反弹的同时都会改变自身的颜色，如图5-20所示。

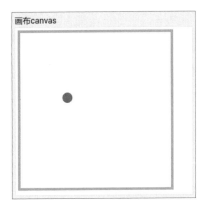

图 5-20　画布canvas

CHAPTER

# 第6章
# 业务组件

通过前面的内容，已经对小程序的基础组件有了基本的掌握。但在日常的开发当中，仅仅使用基础的组件是远远不够的。随着各种各样的业务场景的出现，需要实现的需求和功能也越来越多，需要对大量的标签进行组合和封装，一些具有独立功能的模块被抽离出来，称为业务组件。这种组件化的开发模式是程序设计中比较常见的，可以很好地解决代码复用和多人协作等问题。

重点导读

- 组件结构
- 折叠面板
- 下拉菜单
- 通用错误页
- 列表

## 6.1 组件结构

在封装业务组件时，通常会将业务组件涉及的视图、样式和逻辑文件单独放在一个目录下，这样有利于页面在各种场合对其调用。

在项目根目录下，新增components文件夹，用来存放所有的业务组件，其中每个业务组件又分别定义了各自的文件夹，文件结构如图6-1所示。

图 6-1　业务组件的文件结构

还可以利用定义模板功能，在视图文件axml中将组件视图结构的标签集合定义为template模板，当页面需要使用时，引入文件后再使用模板配置数据即可。组件的样式文件acss与视图文件axml放在同一目录下。在页面视图引入模板视图文件的同时，页面样式也需要引用模板样式文件。如果组件还有特定的逻辑事件进行了封装，也需要将对应的JS文件放在一起，以便管理。

## 6.2 折叠面板

面板通常是指一个独立的容器，而折叠面板可以有效地节省页面的可视面积。只显示标题部分，将内容部分先折叠起来，当用户需要查看内容时，点击标题即可展开对应的内容部分。

首先需要定义业务组件的视图，代码如下。

```
<!-- /components/collapse/index.axml -->
<template name="Collapse">
  <view class="a-collapse">
    <view a:for={{panels}}>
      <view class="a-collapse-title" onTap=" handleTitleTap" data-index={{index}}>
```

```
            {{item.title}}
            <view class="{{item.expanded ? 'a-collapse-title-arrow a-collapse-title-arrow-up' : 'a-collapse-title-arrow'}}" />
        </view>
        <view class="a-collapse-content" a:if={{item.expanded}}>{{item.content}}</view>
    </view>
  </view>
</template>
```

其次为视图添加对应的样式，代码如下。

```
/* /components/collapse/index.acss */
.a-collapse{border-top: 1px solid #ddd; background-color: #fff; color: #000;}
.a-collapse-title,
.a-collapse-content{border-bottom: 1px solid #ddd;}
.a-collapse-title{position: relative; height: 88rpx; line-height: 88rpx; padding: 0 60rpx 0 30rpx; font-size: 34rpx;}
.a-collapse-title-arrow{position: absolute; top: 30rpx; right: 30rpx; width: 30rpx; height: 30rpx; background: url("/images/arrow.png") center no-repeat; }
.a-collapse-title-arrow-up{transform: rotate(180deg);}
.a-collapse-content{padding: 20rpx; font-size: 30rpx;}
```

在页面中使用业务组件时，需要先在页面视图文件中使用import或include引入业务组件的视图文件，再使用其中定义的模板并为其配置数据；接着在页面样式文件中使用import引入业务组件的样式文件；最后在页面逻辑文件中定义组件的配置数据即可。代码如下。

```
<!-- 6-2.axml -->
<text class="title">折叠面板</text>
<view class="box">
  <import src="/components/collapse/index.axml" />
  <template is="Collapse" data={{...collapseData}} />
</view>
```

```
/* 6-2.acss */
@import '/components/collapse/index.acss';
```

```js
// 6-2.js
Page({
  data: {
    collapseData: {
      panels: [{title: 'Title 1',content: 'Content 1',expanded: true,},
        {title: 'Title 2',content: 'Content 2',expanded: false,}],//expanded为展开标识
    },
  },
  handleTitleTap(e) {
    const { index } = e.target.dataset;//es6语法对象的解构赋值
    const temppanels = this.data.collapseData.panels;
    temppanels[index].expanded = !temppanels[index].expanded;
    this.setData({
      collapseData: {
        panels: [...temppanels],
      },
    });
  },
});
```

值得注意的是，小程序无法操作DOM，不能像传统网页那样通过事件修改样式来实现，而是通过数据中expanded属性的真假值。每次点击事件时，将其属性值取反后赋给原值，再使用this.setData方法更新数据来同步视图，这样就实现了收起与展开的效果。此组件非常适合QA说明和帮助文档等信息的展示，效果如图6-2所示。

图 6-2　折叠面板

## 6.3 下拉菜单

下拉菜单与折叠面板功能相似，也是为了在有限的页面空间内，将一些内容暂时隐藏起来，当触发某种条件时，再将其展示出来。

除了将业务组件的视图和样式文件分别封装到单独的文件中外，下拉菜单中的业务组件还将自身的逻辑文件js也提取出来，与组件的视图和样式文件放在一起。需要注意的是，组件的逻辑文件js需要基于ES6模块进行封装，代码如下。

```js
// /components/dropdown/index.js
export default {
  _onNavItemTap(e) {//点击主菜单
    const index = e.currentTarget.dataset.index;
    if (this.onDropdownNavItemTap) {this.onDropdownNavItemTap(e, index);
    } else {console.warn('no onDropdownNavItemTap method');}
  },
  _catchListItemTap(e) {//点击子菜单
    const { index, parentIndex, title } = e.currentTarget.dataset;
    if (this.catchDropdownNavItemTap) {this.catchDropdownNavItem Tap(e, parentIndex, index, title);
    } else {console.warn('no catchDropdownNavItemTap method');}
  },
  _catchBgTap(e) {//点击背景灰色区域
    if (this.catchDropdownBgTap) {this.catchDropdownBgTap(e);
    } else {console.warn('no catchDropdownBgTap method');}
  }
};
```

页面需要调用时，除了分别引入视图和样式文件外，页面逻辑文件同样需要引入。采用import为引入的模块命名，并使用扩展运算符"..."将其展开放在Page层中，其效果等同于将上述代码中封装的三个对象方法直接复制到该处，示例代码如下。

```js
// 6-3.js
import Dropdown from '/components/dropdown/index.js';
Page({
```

```
data: {
  dropdownSelectData: {
    active: false,
    selectedNav: 0,
    listData: [
      {
        nav: '主菜单1',
        selectedItem: '',
        data: [{thumb: ' /images/logo.png',title: '子目录11'},
          {title: '子目录12',},
          {thumb: '/images/logo.png ',title: '子目录13',},
        ]
      },
      {
        nav: '菜单2',
        selectedItem: '',
        data: [{title: '子目录21'},
          {thumb: '/images/logo.png ',title: '子目录22',},
          {title: '子目录23',},]
      },
    ],
  },
},
...Dropdown,
onDropdownNavItemTap(e, index) {
  const { selectedNav, active } = this.data.dropdownSelectData;
  let nextactive = !active;
  if (selectedNav !== index) {nextactive = true;}
  this.setData({
    dropdownSelectData: {
      ...this.data.dropdownSelectData,
      active: nextactive,
      selectedNav: index
    }
  });
```

```
    },
    catchDropdownNavItemTap(e, parentIndex, index, title) {
      const { listData } = this.data.dropdownSelectData;
      const data = listData[parentIndex];
      data.selectedItem = index;
      my.showToast({
        content: '选中了第${parentIndex + 1}个tab的第${index + 1}个元素',
// 文字内容
        success: (res) => {},
      });
      this.setData({
        dropdownSelectData: {
          ...this.data.dropdownSelectData,
          active: false,
          listData
        }
      });
    },
    catchDropdownBgTap(e) {
      this.setData({active: false});
    }
  });
```

上述代码显示了页面逻辑层的定义，数据部分的dropdownSelectData设置了下拉菜单的数据，其中active为状态标志符，记录下拉菜单的开启状态，selectedNav记录打开第几个下拉框，listData中包含多个下拉框的主菜单和子菜单等内容。在注册Page页面层时，这些数据被传递给业务组件的模板，以此生成相应的视图。逻辑部分引用业务组件的js文件并导入当前位置，补充定义了其中使用但还未定义的三个方法。

页面在调用组件时，直接引入组件的视图和样式文件即可，示例代码如下。

```
<!-- 6-3.axml -->
<text class="title">下拉菜单</text>
<view class="box">
  <import src="/components/dropdown/index.axml" />
  <template is="DropdownSelect" data={{...dropdownSelectData}} />
```

```
    </view>

    <!-- /components/dropdown/index.axml -->
    <template name="DropdownSelect">
        <view a:if="{{listData}}" class="a-dropdown-wrapper {{active ? 'expand' : ''}}">
            <view id="a-dropdown-nav" class="a-dropdown-nav">
                <block a:for={{listData}}>
                    <view class="a-dropdown-nav-item {{ active && selectedNav ===index ? 'active' : ''}}" hover-class="a-dropdown-nav-item-hover" onTap="_onNavItemTap" data-index={{index}}>
                        <text>{{item.nav}}</text>
                        <view class="triangle"></view>
                    </view>
                </block>
            </view>

            <scroll-view scroll-y="{{true}}" class="a-dropdown-contents">
                <block a:for={{listData}} a:for-item="list" a:for-index="parentIndex">
                    <view hidden="{{selectedNav !== parentIndex}}">
                        <view class="a-dropdown-list-items {{active? 'show' : ''}}">
                            <block a:for={{list.data}} >
                                <view class="a-dropdown-list-item {{index !== (list.data.length - 1) ? '': 'last'}} {{index === list.selectedItem ? 'selected': ''}}" hover-class="a-dropdown-list-item-hover" onTap="{{list.onListItemTap || '_onListItemTap'}}" catchTap="{{list.onListItemTap || '_catchListItemTap'}}" data-index={{index}} data-parentIndex={{parentIndex}} data-title={{item.title}} >
                                    <view class="a-dropdown-list-item-line {{item.textMode ? 'a-dropdown-list-item-line-' + item.textMode : ''}}">
                                        <image a:if={{item.thumb}} class="a-dropdown-list-item-thumb" src="{{item.thumb}}" mode="scaleToFill" />
```

```
                    <text class="a-dropdown-list-item-content">{{item.title}}</text>
                    <view a:if={{item.extra}} class="a-dropdown-list-item-extra" >{{item.extra}}</view>
                    <view class="a dropdown-list-item-check"/>
                    <view class="a-dropdown-list-item-bottom" />
                </view>
            </view>
        </block>
      </view>
    </view>
   </block>
  </scroll-view>
  <view class="a-dropdown-bg" onTap="_catchBgTap"></view>
 </view>
</template>
```

```
/* 6-3.acss */
@import "/components/dropdown/index.acss";
```

```
/* /components/dropdown/index.acss   */
```

下拉菜单适合的应用场景有多级菜单和提示框等，效果如图6-3所示。

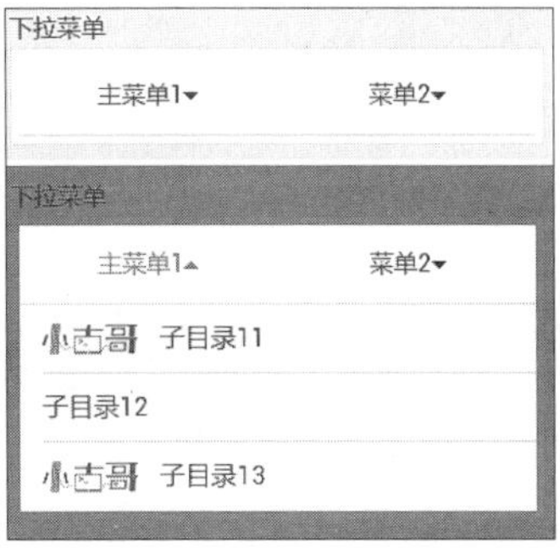

图6-3 下拉菜单

## 6.4 通用错误页

应用程序在使用过程中,经常需要针对一些错误操作给出提示,除了传统的弹窗以外,还可以选择使用错误提示页的形式来展现。

通用错误页的封装并不复杂,主要由提示图片、提示信息和返回按钮等组成,其视图样式和逻辑代码如下。

```
<!-- /components/error-view/index.axml -->
<template name="ErrorView">
    <view class="a-error-view-wrapper">
        <image class="a-error-view-pic" src="{{errorImg}}"/>
        <view class="a-error-view-title">{{title}}</view>
        <view class="a-error-view-result-view">{{resultView}}</view>
        <view class="a-error-view-action" a:if="{{button}}">
            <view class="a-error-view-button" hover-class="a-error-view-button-hover" onTap="{{onButtonTap || 'handleErrorButtonTap'}}" data-href={{href}} >{{button}}</view>
        </view>
    </view>
</template>
```

```
/* /components/error-view/index.acss */
```

```
// /components/error-view/index.js
export default {
    handleErrorButtonTap(e) {//点击返回按钮
        const { dataset } = e.currentTarget;
        if (dataset.href) {
            my.redirectTo({url: dataset.href});
        } else {
            console.warn('no href specified');
        }
    }
}
```

}
```

页面在调用组件时,直接引入组件的视图和样式文件即可,示例代码如下。

```xml
<!-- 6-4.axml -->
<text class="title">通用错误页</text>
<view class="box">
  <import src="/components/error-view/index.axml" />
  <template is="ErrorView" data={{...errorData}} />
</view>
```

```css
/* 6-4.acss */
@import "/components/error-view/index.acss";
```

```js
// 6-4.js
import ErrorView from '/components/error-view/index.js';

Page({
    ...ErrorView,
    data: {
        errorData: {
            errorImg: '/images/logo.png',
            title: '错误提示',
            resultView:'什么都没有了',
            button: '返回',
            onButtonTap: 'handleBack',
            href: '/pages/index'
        },
    },
    handleBack() {
        my.showToast({
            content: 'back to pages/index in 1s',
            success: (res) => {
```
```

```
            setTimeout(() => {my.navigateBack();}, 1000);
        },
      });
    }
})
```

上述示例代码的展示效果如图6-4所示。

图 6-4  通用错误页

## 6.5 宫格

宫格也是移动端应用的一种常见表现形式，比较适合展示主页的目录导航等。其视图结构也比较简单，使用一个类似于列表的结构即可，具体代码如下。

```
<!-- /components/grid/index.axml -->
<template name="Grid">
    <view class="grid">
        <block a:for="{{list}}">
            <view
            style="width:{{100/(columnNum || 4)}}%;padding-top:{{100/(columnNum || 4)}}%;"
            class="grid-item" onTap="handleItemTap"
            data-index={{index}}>
                <view class="grid-item-wrapper">
                    <image src="{{item.icon}}" class="grid-icon" mode="aspectFit" />
                    <text class="grid-text">{{item.text}}</text>
                </view>
```

```
            </view>
        </block>
    </view>
</template>
```

```
/* /components/grid/index.acss */
```

页面在调用组件时,直接引入组件的视图和样式文件即可,示例代码如下。

```
<!-- 6-5.axml -->
<text class="title">宫格</text>
<view class="box">
  <import src="/components/grid/index.axml" />
  <template is="Grid" data={{...grid}} >
</view>
```

```
/* 6-5.acss */
@import "/components/grid/index.acss";
```

```
// 6-5.js
Page({
    data: {
        grid: {
            list: [
                {"text": "1","icon": "/images/logo.png"},
                {"text": "2","icon": "/images/logo.png"},
                {"text": "3","icon": "/images/logo.png"},
                {"text": "4","icon": "/images/logo.png"},
                {"text": "5","icon": "/images/logo.png"},
                {"text": "6","icon": "/images/logo.png"},
                {"text": "7","icon": "/images/logo.png"},
                {"text": "8","icon": "/images/logo.png"},
                {"text": "9","icon": "/images/logo.png"},
```

```
                ],
                columnNum: 3//设置分栏
            }
        },
        handleItemTap(e) {
            my.showToast({
content: `第${e.currentTarget.dataset.index+1}个Item`
});
        }
})
```

上述示例代码的展示效果如图6-5所示。

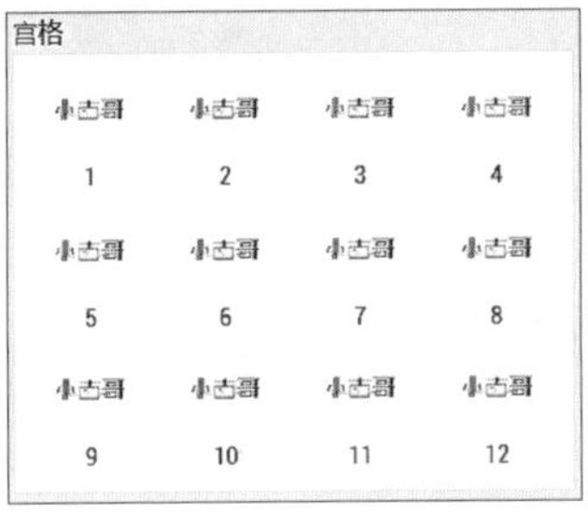

图 6-5 宫格

## 6.6 列表

列表与宫格一样，主要作为目录导航来使用，其结构主要由图标、标题、说明和箭头四部分组成，组件的结构与样式代码如下。

```
<!-- /components/list/index.axml -->
<template name="List">
  <view a:if={{data}} class="a-list-items">
    <block a:for={{data}}>
        <view class="a-list-item {{index !== (data.length - 1) ? '': 'last'}} am-list-item-{{item.align || 'middle'}}" hover-class="a-list-item-hover" onTap="handleListItemTap" data-index={{index}} >
            <view class="a-list-item-line {{item.textMode ? 'a-list-item-
```

```
line-' + item.textMode : ''}}">
            <image a:if={{item.thumb}} class="a-list-item-thumb" src="{{item.thumb}}" mode="scaleToFill" />
            <text class="a-list-item-content">{{item.title}}</text>
            <view a:if={{item.extra}} class="a-list-item-extra" >{{item.extra}}</view>
            <view a:if={{item.arrow}} class="a-list-arrow a-list-arrow-{{item.arrow}}" />
            <view class="a-list-item-bottom" />
        </view>
      </view>
    </block>
  </view>
</template>
```

```
/* /components/list/index.acss */
```

页面在调用组件时，直接引入组件的视图和样式文件即可，示例代码如下。

```
<!-- 6-6.axml -->
<text class="title">列表</text>
<view class="box">
  <import src="/components/list/index.axml" />
  <template is="List" data={{...listData}} >
</view>
```

```
/* 6-6.acss */
@import "/components/list/index.acss";
```

```
// 6-6.js
Page({
  data: {
    listData: {
      data: [
```

```
            { title: '标题文字', extra: '基本使用'},
            { thumb: '/images/logo.png', title: '标题图片', arrow: 'horizontal',},
            { title: '标题文字', arrow: 'vertical', extra: '带箭头' },
            { thumb: '/images/logo.png', title: '标题文字', arrow: 'vertical-up',
extra: '完整使用'},
            { title: '标题文字不换行很长很长很长很长很长很长很长很长很长很长', arrow:
'horizontal',},
            { title: '标题文字换行很长很长很长很长很长很长很长很长很长', arrow:
'horizontal', textMode: 'wrap'},
            { title: '标题文字很长很长很长很长很长很长很长很长很长很长很长很长
很长', extra: '没有箭头',textMode: 'wrap'},
            { title: '标题文字很长很长很长很长很长很长很长很长很长很长很长很长
很长',extra: '子元素垂直对齐',textMode: 'wrap',align: 'top'},
        ]
      },
    },
    handleListItemTap(e) {
      my.showToast({content: `第${e.currentTarget.dataset.index+1}个Item`});
    }
  })
```

上述示例代码的展示效果如图6-6所示。

图 6-6 列表

## 6.7 标签

标签既可以用于文本的展示，也可以代替多选框进行数据选择，其组件的结构与样式代码如下。

```
<!-- /components/tag/index.axml -->
<template name="Tag">
  <view class="tag-list">
  <block a:for="{{tags}}">
    <view class="a-tag {{item.selected ? 'a-tag-active' : 'a-tag-normal'}}" onTap="{{item.onChange}}" data-selected="{{item.selected}}">{{item.label}}</view>
  </block>
  </view>
</template>
```

```
/* /components/tag/index.acss */
```

页面在调用组件时，直接引入组件的视图和样式文件即可，示例代码如下。

```
<!-- 6-7.axml -->
<text class="title">标签</text>
<view class="box">
  <import src="/components/tag/index.axml" />
  <view class="container">
    <template is="Tag" data="{{...tagData}}"  />
    <text>您选择的是：{{selectedLables}}</text>
  </view>
</view>
```

```
/* 6-7.acss */
@import "/components/tag/index.acss";
```

```
// 6-7.js
Page({
```

```
    data: {
        selectedLables: '疾病医疗',
        tagData:{
            tags: [
            { label: '意外医疗', selected: false, onChange: 'onTagChange1', },
            { label: '疾病医疗', selected: true, onChange: 'onTagChange2', },
            { label: '疾病住院', selected: false, onChange: 'onTagChange3', },
            ]
        }
    },
    onTagChange1(e) {this.onTagChange(e.target.dataset.selected, 0);},
    onTagChange2(e) {this.onTagChange(e.target.dataset.selected, 1);},
    onTagChange3(e) {this.onTagChange(e.target.dataset.selected, 2);},
    onTagChange(selected, index) {
        const tempTag = [].concat(this.data.tagData.tags);
        tempTag[index].selected = !selected;
        const labels = tempTag.map((item) => item.selected ? item.label : '').join(',');
        this.setData({
            tagData:{tags: tempTag,},
            selectedLables: labels,
        });
    }
})
```

上述示例代码的展示效果如图6-7所示。

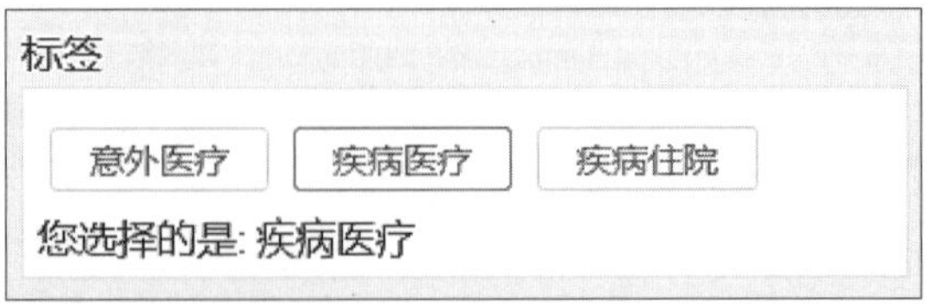

图6-7 标签

这些只是一些常用的业务组件，在实际开发过程中，往往会将可以重复利用的部分都开发成组件，更多的组件需要读者自己在工作当中去总结和维护。

# 第7章
## 开放接口

小程序的开放接口,即支付宝客户端将自身的功能,包括用户授权、获取用户信息、接入支付及芝麻信用等,通过框架封装成API接口,提供给小程序调用,方便小程序的使用并实现与客户端的资源同步和共享。

### 重点导读

- 获取授权码
- 获取用户信息
- 发起支付
- 会员卡授权
- 芝麻认证

## 7.1 获取授权码

支付宝为小程序提供了丰富的API接口方法,用于获取各种用户信息和支付宝的特有功能,当然这些过程是需要授权的。

- **my.getAuthCode**

(1)获取授权码,接口参数说明如表7-1所示。

表7-1 getAuthCode接口参数说明

| 名称 | 类型 | 必填 | 描述 |
| --- | --- | --- | --- |
| scopes | String/Array | 否 | 授权类型,默认为 auth_base。支持 auth_base(静默授权)/ auth_user(主动授权)/ auth_zhima(芝麻信用) |
| success | Function | 否 | 调用成功的回调函数 |
| fail | Function | 否 | 调用失败的回调函数 |
| complete | Function | 否 | 调用结束的回调函数(调用成功、失败都会执行) |

其中scopes的3个值中,auth_base静默授权,用户无感知,但只能获取用户的authCode。auth_user主动授权,会拉起弹窗询问用户,得到用户允许后可以获取用户的头像昵称等信息。auth_zhima也需用户同意授权,授权后可以获取用户的芝麻信用信息。

(2)success返回值如表7-2所示。

表7-2 getAuthCode的success返回值说明

| 名称 | 类型 | 描述 |
| --- | --- | --- |
| authCode | String | 授权码 |
| authErrorScope | Key-Value | 失败的授权类型,key是授权失败的 scope, value是对应的错误码 |
| authSucessScope | Array | 成功的授权 scope |

示例代码如下。

```
// 7-1.js
Page({
  data: { },
  onLoad() {
    my.getAuthCode({
      scopes: 'auth_user',
      success: (({authCode})=>{ my.alert({content:authCode})}
    });
  },
});
```

## 7.2 获取用户信息

获取会员信息首先需要获取用户授权，开发者可以通过国际标准的OAuth2.0授权机制，在用户授权的情况下，得到用于换取用户信息的令牌。在拿到用户的授权令牌后，通过调用用户信息共享接口，获取用户的公开信息。

- **my.getAuthUserInfo**

（1）获取用户信息，接口参数说明如表7-3所示。

表7-3　getAuthUserInfo接口参数说明

| 名称 | 类型 | 必填 | 描述 |
| --- | --- | --- | --- |
| success | Function | 否 | 调用成功的回调函数 |
| fail | Function | 否 | 调用失败的回调函数 |
| complete | Function | 否 | 调用结束的回调函数（调用成功、失败都会执行） |

（2）success返回值如表7-4所示。

表7-4　getAuthUserInfo的success返回值说明

| 名称 | 类型 | 描述 |
| --- | --- | --- |
| nickName | String | 用户昵称 |
| avatar | String | 用户头像链接 |

示例代码如下。

```
// 7-2.js
Page({
  data: {
    userinfo:{name:"点击"获取"按钮，获取用户信息",imgurl:""}
  },
  get(){
    var that=this;
    my.getAuthCode({
      scopes: 'auth_user',
      success: (res) => {
        my.getAuthUserInfo({
          success: (userInfo) => {
            that.setData({
userinfo:{name:userInfo.nickName,imgurl:userInfo.avatar}
```

```
          })
              }
          });
        },
      });
    },
    clear(){
    this.setData({
    userinfo:{name:"点击"获取"按钮获取用户信息",imgurl:""}
    })
    }
    });
```

上述示例代码的展示效果如图7-1所示。

图 7-1　获取用户信息

## 7.3　发起支付

用户在小程序中产生交易需要支付时,可以调用支付宝客户端的支付功能。支付完成后自动跳回小程序,并给出付款结果,小程序可以根据结果进行个性化展示。

- **my.tradePay**

(1)发起支付,接口参数说明如表7-5所示。

表7-5　tradePay接口参数说明

| 名称 | 类型 | 必填 | 描述 |
| --- | --- | --- | --- |
| orderStr | String | 是 | 完整的支付参数拼接成的字符串,从服务端获取 |
| success | Function | 否 | 调用成功的回调函数 |
| fail | Function | 否 | 调用失败的回调函数 |
| complete | Function | 否 | 调用结束的回调函数(调用成功、失败都会执行) |

(2)success返回值如表7-6所示。

表7-6  tradePay的success返回值说明

| 名称 | 类型 | 描述 |
|---|---|---|
| resultCode | String | 支付结果状态码,详见表7-7 |

(3) resultCode 支付结果状态码说明如表7-7所示。

表7-7  tradePay的resultCode支付状态码说明

| resultCode | 描述 |
|---|---|
| 9000 | 订单支付成功 |
| 8000 | 正在处理中 |
| 4000 | 订单支付失败 |
| 6001 | 用户中途取消 |
| 6002 | 网络连接出错 |
| 99 | 用户点击忘记密码导致快捷界面退出(only iOS) |

示例代码如下。

```js
// 7-3.js
Page({
  data: {},
  onLoad() {
    my.tradePay({
      orderStr: 'myOrderStr', //完整的支付参数拼接成的字符串,从服务端获取
      success: (res) => {
        my.alert({
          content: JSON.stringify(res),
        });
      },
      fail: (res) => {
        my.alert({
          content: JSON.stringify(res),
        });
      }
    });
  },
});
```

## 7.4 跳转支付宝卡包

支付宝卡包（alipass）是支付宝公司推出的一款可以管理电子凭证的产品，该产品聚合了来自各类生活服务的票据凭证，包括优惠券、折扣券、代金券、换购券、电影票、演出票、火车票及机票等。

- **my.openCardList**

打开支付宝卡列表，示例代码如下。

```
my.openCardList();
```

- **my.openMerchantCardList**

打开当前用户的某个商户的卡列表，接口参数说明如表7-8所示。

表7-8　openMerchantCardList接口参数说明

| 名称 | 类型 | 必填 | 描述 |
| --- | --- | --- | --- |
| partnerId | String | 是 | 商户编号 |

示例代码如下。

```
//传入passId打开
my.openCardDetail({passId:"2088xxxxx"});
```

- **my.openVoucherList**

打开支付宝券列表，示例代码如下。

```
my.openVoucherList ();
```

- **my.openMerchantVoucherList**

打开当前用户的某个商户的券列表，接口参数说明如表7-9所示。

表7-9　openMerchantVoucherList接口参数说明

| 名称 | 类型 | 必填 | 描述 |
| --- | --- | --- | --- |
| partnerId | String | 是 | 商户编号 |

示例代码如下。

```
//传入passId打开
my.openMerchantVoucherList({partnerId:'2088xxxx'});
```

- **my.openVoucherDetail**

打开当前用户的某张券的详情页（非口碑），接口参数说明如表7-10所示。

表7-10 openVoucherDetail接口参数说明

| 名称 | 类型 | 必填 | 描述 |
|---|---|---|---|
| passId | String | 是 | 券实例Id，调用券发放接口可以获取该参数（如果传入了partnerId和serialNumber则不需传入） |
| partnerId | String | 是 | 商户编号，以2088为开头（如果传入了passId则不需传入） |
| serialNumber | String | 是 | 序列号，调用新建卡券模板可以获取该参数（如果传入了passId则不需传入） |

示例代码如下。

```
//传入passId打开
my.openVoucherDetail({passId:"20170921"});

// 传入partnerId 和 serialNumber打开
my.openVoucherDetail({
partnerId:"2018xxxx",
serialNumber:"20170921"
});
```

- **my.openKBVoucherDetail**

打开当前用户的某张券的详情页（口碑），接口参数说明如表7-11所示。

表7-11 openKBVoucherDetail接口参数说明

| 名称 | 类型 | 必填 | 描述 |
|---|---|---|---|
| passId | String | 是 | 券实例Id（如果传入了partnerId和serialNumber则不需传入） |
| partnerId | String | 是 | 商户编号（如果传入了passId则不需传入） |
| serialNumber | String | 是 | 序列号（如果传入了passId则不需传入） |

示例代码如下。

```
//传入passId打开
my.openKBVoucherDetail ({passId:"20170921"});

// 传入partnerId 和 serialNumber打开
my.openKBVoucherDetail ({
partnerId:"2018xxxx",
serialNumber:"20170921"
});;
```

- **my.openTicketList**

打开支付宝票列表，示例代码如下。

```
my.openTicketList();
```

- **my.openMerchantTicketList**

打开某个商户的票列表，接口参数说明如表7-12所示。

表7-12 openMerchantTicketList接口参数说明

| 名称 | 类型 | 必填 | 描述 |
|---|---|---|---|
| partnerId | String | 是 | 商户编号 |

示例代码如下。

```
//传入passId打开
my.openMerchantTicketList ({partnerId:'2088xxxx'});
```

- **my.openTicketDetail**

打开当前用户的某张票的详情页，接口参数说明如表7-13所示。

表7-13 openTicketDetail接口参数说明

| 名称 | 类型 | 必填 | 描述 |
|---|---|---|---|
| passId | String | 是 | 票实例Id（如果传入了partnerId和serialNumber则不需传入） |
| partnerId | String | 是 | 商户编号（如果传入了passId则不需传入） |
| serialNumber | String | 是 | 序列号（如果传入了passId则不需传入） |

示例代码如下。

```
//传入passId打开
my.openTicketDetail ({passId:"20170921"});

// 传入partnerId 和 serialNumber打开
my. openTicketDetail ({
partnerId:"2018xxxx",
serialNumber:"20170921"
});;
```

## 7.5 会员卡授权

会员卡产品是商户营销的基础能力，商户可以根据自己的需求进行自由组合，实现电子会员卡功能，如引导用户开卡、积分查询、交易记录、卡会员等级查询、卡权益展示及卡适用门店展示等。

- **my.addCardAuth(OBJECT)**

小程序唤起会员开卡授权页面，接口参数说明如表7-14所示。

表7-14　addCardAuth接口参数说明

| 名称 | 类型 | 必填 | 描述 |
| --- | --- | --- | --- |
| url | String | 是 | 开卡授权的页面地址，从 alipay.marketing.card.activateurl.apply 接口获取 |
| success | Function | 否 | 调用成功的回调函数 |
| fail | Function | 否 | 调用失败的回调函数 |
| complete | Function | 否 | 调用结束的回调函数（调用成功、失败都会执行） |

success返回值：领卡成功，其参数说明如表7-15所示。

表7-15　addCardAuth领卡成功的success返回值说明

| 名称 | 类型 | 描述 |
| --- | --- | --- |
| success | Boolean | true 表示领卡成功 |
| resultStatus | String | 9000 表示成功 |
| result | Object | 结果内容 |

result对象说明如表7-16所示。

表7-16　addCardAuth领卡成功的result对象说明

| 名称 | 类型 | 描述 |
| --- | --- | --- |
| app_id | String | 应用id |
| auth_code | String | 授权码，用于换取authtoken |
| state | String | 授权的state |
| scope | String | 授权scope |
| template_id | String | 会员卡模板Id |
| request_id | String | 会员卡表单信息请求Id |
| out_string | String | 会员卡领卡链接透传参数 |

success返回值：领卡失败，其参数说明如表7-17所示。

表7-17　addCardAuth领卡失败的success返回值说明

| 名称 | 类型 | 描述 |
| --- | --- | --- |
| success | Boolean | false 表示领卡失败 |
| code | String | 失败的错误码 |

code码说明如表7-18所示。

表7-18　addCardAuth领卡失败的code码说明

| 名称 | 类型 | 描述 |
| --- | --- | --- |
| JSAPI_SERVICE_TERMINATED | String | 用户取消 |
| JSAPI_PARAM_INVALID | String | URL 为空或非法参数 |
| JSAPI_SYSTEM_ERROR | String | 系统错误 |

示例代码如下。

```
my.addCardAuth({
```

```
    url: '从 openapi 接口获取到的 URL',
    success: (res) => {my.alert({content: '授权成功'});},
    fail: (res) => {my.alert({content: '授权失败'});},
});
```

## 7.6 芝麻认证

芝麻认证主要解决线上实人开户、账号实名认证、账号实人登录等场景中个人身份的识别问题。与其他实人认证服务相比，芝麻认证在使用流程中甚至不需要用户做动作就能快速得出认证结果，速度快、体验好、通过率高，拥有业内独有的眼纹人脸双因子认证技术，安全水平已达到金融级要求。

- **my.startZMVerify**

芝麻认证接口，调用此接口可以唤起芝麻认证页面并进行人脸身份验证（需要通过蚂蚁开发平台，调用certification.initialize接口进行认证初始化。获得bizNo后，方能通过以下接口激活芝麻认证小程序），接口参数说明如表7-19所示。

表7-19 startZMVerify接口参数说明

| 名称 | 类型 | 必填 | 描述 |
| --- | --- | --- | --- |
| bizNo | String | 是 | 认证标识 |
| success | Function | 否 | 调用成功的回调函数 |
| fail | Function | 否 | 调用失败的回调函数 |
| complete | Function | 否 | 调用结束的回调函数（调用成功、失败都会执行） |

success返回值如表7-20所示。

表7-20 startZMVerify的success返回值说明

| 名称 | 类型 | 必填 | 描述 |
| --- | --- | --- | --- |
| token | string | 是 | 认证标识 |
| passed | string | 是 | 认证是否通过 |
| reason | string | 否 | 认证不通过原因 |

示例代码如下。

```
my.startZMVerify({
  bizNo: 'your-biz-no',
  success: (res) => {
    my.alert({ title: 'success:' + JSON.stringify(res)});
  },
  fail: (res) => {
    my.alert({ title: 'fail: ' + JSON.stringify(res)});
  },
});
```

CHAPTER

# 第8章
# 常用API接口

小程序框架为开发者提供了很多工具，可以为用户提供多样化的便捷服务。其中，小程序自定义的界面部分和框架封装的网络请求部分，是小程序开发中最常用的两部分内容，需要熟练掌握。

重点导读

· 界面
· 网络

## 8.1 界面

小程序的界面主要用来实现小程序在使用过程中的交互部分,主要功能包括页面的跳转、交互反馈、下拉刷新、获取联系人、城市和日期选择器,以及动画、画布和地图等。

### 8.1.1 导航栏

在小程序中,页面的跳转通过导航栏进行,每个小程序都存在页面栈的概念,最多只能同时打开5个页面。

- **my.navigateTo**

跳转到应用内的某个指定页面(保留当前页,可以使用my.navigateBack返回),接口参数说明如表8-1所示。

表8-1　navigateTo接口参数说明

| 名称 | 类型 | 必填 | 描述 |
| --- | --- | --- | --- |
| url | String | 是 | 需要跳转的应用内非tabBar的目标页面路径,路径后可以带参数。参数规则为:路径与参数之间使用"?"分隔,参数键与参数值用"="相连,不同参数必须用"&"分隔,如path?key1=value1&key2=value2 |
| success | Function | 否 | 调用成功的回调函数 |
| fail | Function | 否 | 调用失败的回调函数 |
| complete | Function | 否 | 调用结束的回调函数(调用成功、失败都会执行) |

示例代码如下。

```
my.navigateTo({url: './new_page?count=100&source=aaa'})
```

跳转页面传递阐述的方式与网页URL传递参数相同,采用key=value的方式,多个值之间用"&"符号间隔。在跳转到的页面中,通过onLoad系统事件可以获取传递参数的对象option,在该对象中使用对应的key获取value值,示例代码如下。

```
// new_page.js
Page({
  onLoad(option){
    my.alert({content: JSON.stringify(option),});
  }
});
```

- **my.redirectTo**

跳转到应用内的某个指定页面，并关闭当前页面，接口参数说明如表8-2所示。

表8-2　redirectTo接口参数说明

| 名称 | 类型 | 必填 | 描述 |
| --- | --- | --- | --- |
| url | String | 是 | 需要跳转的应用内非 tabBar 的目标页面路径，路径后可以带参数。参数规则为：路径与参数之间使用"?"分隔，参数键与参数值用"="相连，不同参数必须用"&"分隔，如 path?key1=value1&key2=value2 |
| success | Function | 否 | 调用成功的回调函数 |
| fail | Function | 否 | 调用失败的回调函数 |
| complete | Function | 否 | 调用结束的回调函数（调用成功、失败都会执行） |

示例代码如下。

```
my.redirectTo ({url: './new_page?count=50&source=bbb'})
```

- **my.navigateBack**

关闭当前页面，返回上一级或多级页面，接口参数说明如表8-3所示。

表8-3　navigateBack接口参数说明

| 名称 | 类型 | 默认值 | 描述 |
| --- | --- | --- | --- |
| delta | Number | 1 | 返回的页面数，如果 delta 大于现有的打开页面数，则返回首页 |

示例代码如下。

```
my.navigateBack ({delta:2})//返回2级页面
```

注意，调用navigateTo跳转时，等于新打开了一个页面，原来调用的页面会被加入页面栈中。而调用redirectTo方法，会关闭当前页面，然后打开新页面，原页面销毁了，不会加入页面栈。另外，my.navigateTo和my.redirectTo都不允许跳转到tabBar页面；如果需要跳转到tabBar页面，可以使用 my.switchTab。

- **my.setNavigationBar**

设置导航栏文字及样式，接口参数说明如表8-4所示。

表8-4　setNavigationBar接口参数说明

| 名称 | 类型 | 必填 | 描述 |
| --- | --- | --- | --- |
| title | String | 否 | 导航栏标题 |
| backgroundColor | String | 否 | 导航栏背景色，支持十六进制颜色值 |
| borderBottomColor | String | 否 | 导航栏底部边框颜色，支持十六进制颜色值。若设置了 backgroundColor，则borderBottomColor 不会生效，默认与 backgroundColor 颜色相同 |
| reset | Boolean | 否 | 是否重置导航栏为支付宝默认配色，默认 false |
| success | Function | 否 | 调用成功的回调函数 |
| fail | Function | 否 | 调用失败的回调函数 |
| complete | Function | 否 | 调用结束的回调函数（调用成功、失败都会执行） |

示例代码如下。

```
my.setNavigationBar({
    title: '你好',
    backgroundColor: '#108ee9',
    success() {
        my.alert({content: '设置成功', });
    }
});
```

- **my.showNavigationBarLoading**

显示导航栏Loading，示例代码如下。

```
my.showNavigationBarLoading();
```

- **my.hideNavigationBarLoading**

隐藏导航栏Loading，示例代码如下。

```
my.hideNavigationBarLoading();
```

### 8.1.2 TabBar

当小程序设置了底部菜单TabBar，除了手动触发菜单切换页面外，如果页面其他部分需要切换TabBar页面，可以通过接口实现。

- **my.switchTab**

跳转到指定的tabBar页面，并关闭其他所有非tabBar页面，接口参数说明如表8-5所示。

表8-5 switchTab接口参数说明

| 名称 | 类型 | 必填 | 描述 |
| --- | --- | --- | --- |
| url | String | 是 | 跳转的tabBar页面的路径（需在app.json的tabBar字段定义的页面）。注意，路径后不能带参数 |
| success | Function | 否 | 调用成功的回调函数 |
| fail | Function | 否 | 调用失败的回调函数 |
| complete | Function | 否 | 调用结束的回调函数（调用成功、失败都会执行） |

示例代码如下。

```
my.switchTab({url:"/pages/about/about"})
```

## 8.1.3 交互反馈

小程序在网页的基础上,对系统弹框做了进一步封装和扩展,基本上能满足大部分应用场景,减少了自定义弹窗的开发需求。

- my.alert

alert警告框,接口参数说明如表8-6所示。

表8-6 alert接口参数说明

| 名称 | 类型 | 必填 | 描述 |
| --- | --- | --- | --- |
| title | String | 否 | alert框的标题 |
| content | String | 否 | alert框的内容 |
| buttonText | String | 否 | 按钮文字,默认为"确定" |
| success | Function | 否 | 调用成功的回调函数 |
| fail | Function | 否 | 调用失败的回调函数 |
| complete | Function | 否 | 调用结束的回调函数(调用成功、失败都会执行) |

示例代码如下。

```
my.alert({
  title: '亲',
  content: '您本月的账单已出',
  buttonText: '我知道了',
  success: () => {
    my.alert({title: '用户点击了「我知道了」',});
  },
});
```

上述示例代码的展示效果如图8-1所示。

图 8-1 警告框

- my.confirm

confirm确认框,接口参数说明如表8-7所示。

表8-7 confirm接口参数说明

| 名称 | 类型 | 必填 | 描述 |
| --- | --- | --- | --- |
| title | String | 否 | alert框的标题 |
| content | String | 否 | alert框的内容 |
| confirmButtonText | String | 否 | 确认按钮文字，默认为"确定" |
| cancelButtonText | String | 否 | 确认按钮文字，默认为"取消" |
| success | Function | 否 | 调用成功的回调函数 |
| fail | Function | 否 | 调用失败的回调函数 |
| complete | Function | 否 | 调用结束的回调函数（调用成功、失败都会执行）|

success 返回值说明如表8-8所示。

表8-8 confirm的success 返回值说明

| 名称 | 类型 | 描述 |
| --- | --- | --- |
| confirm | Boolean | 点击 confirm 返回 true，点击 cancel 返回 false |

示例代码如下。

```
my.confirm({
  title: '温馨提示',
  content: '您是否想查询快递单号：\n1234567890',
  confirmButtonText: '马上查询',
  cancelButtonText: '暂不需要',
  success: (result) => {
    my.alert({title: `${result.confirm}`,});
  },
});
```

上述示例代码的展示效果如图8-2所示。

图 8-2 确认框

- **my.showToast**

显示一个弱提示，可选择多少秒之后消失，接口参数说明如表8-9所示。

表8-9 showToast接口参数说明

| 名称 | 类型 | 必填 | 描述 |
| --- | --- | --- | --- |
| content | String | 否 | 文字内容 |
| type | String | 否 | toast 类型，展示相应图标，默认为 none，支持 success / fail / exception / none。其中 exception 类型必须传文字信息 |

续表

| 名称 | 类型 | 必填 | 描述 |
|---|---|---|---|
| duration | Number | 否 | 显示时长，单位为ms，默认为2000 |
| success | Function | 否 | 调用成功的回调函数 |
| fail | Function | 否 | 调用失败的回调函数 |
| complete | Function | 否 | 调用结束的回调函数（调用成功、失败都会执行） |

示例代码如下。

```
my.showToast({
  type: 'success',
  content: '操作成功',
  duration: 3000,
  success: () => {
    my.alert({title: 'toast 消失了',});
  },
});
```

上述示例代码的展示效果如图8-3所示。

图 8-3　弱提示框

- **my.hideToast**

隐藏弱提示，示例代码如下。

```
my.hideToast();
```

- **my. showLoading**

显示加载提示，接口参数说明如表8-10所示。

表8-10　showLoading接口参数说明

| 名称 | 类型 | 必填 | 描述 |
|---|---|---|---|
| content | String | 否 | Loading的文字内容 |
| delay | Number | 否 | 延迟显示，单位为ms，默认为0。如果在此时间之前调用了my.hideLoading，则不会显示 |
| success | Function | 否 | 调用成功的回调函数 |
| fail | Function | 否 | 调用失败的回调函数 |
| complete | Function | 否 | 调用结束的回调函数（调用成功、失败都会执行） |

示例代码如下。

```
my.showLoading({
  content: '加载中...',
  delay: 1000,
});
```

上述示例代码的展示效果如图8-4所示。

图 8-4 加载提示框

- **my.hideLoading**

隐藏加载提示，示例代码如下。

```
my.hideLoading();
```

- **my.showNavigationBarLoading**

显示导航栏Loading，示例代码如下。

```
my.showNavigationBarLoading();
```

注意，页面的标题长度设置得过长，有可能会导致 Loading 图标不显示。

- **my.hideNavigationBarLoading**

隐藏导航栏loading，示例代码如下。

```
my.hideNavigationBarLoading();
```

- **my.showActionSheet**

显示选择器操作菜单，接口参数说明如表8-11所示。

表8-11 showActionSheet接口参数说明

| 名称 | 类型 | 必填 | 描述 |
| --- | --- | --- | --- |
| title | String | 否 | 菜单标题 |
| items | String Array | 是 | 菜单按钮文字数组 |
| cancelButtonText | String | 否 | 取消按钮文案，默认为"取消"。注意，Android平台中的此字段无效，不会显示取消按钮 |
| destructiveBtnIndex | Number | 是 | （iOS特殊处理）指定按钮的索引号，从0开始，使用场景：需要删除或清除数据等类似场景，默认为红色 |
| success | Function | 否 | 调用成功的回调函数 |
| fail | Function | 否 | 调用失败的回调函数 |
| complete | Function | 否 | 调用结束的回调函数（调用成功、失败都会执行） |

success 返回值如表8-12所示。

表8-12 showActionSheet的success 返回值说明

| 名称 | 类型 | 描述 |
|---|---|---|
| index | Number | 被点击的按钮的索引,从0开始。点击取消或蒙层时返回 −1 |

示例代码如下。

```
my.showActionSheet({
  title: '支付宝-ActionSheet',
  items: ['菜单一', '菜单二', '菜单三'],
  cancelButtonText: '取消好了',
  success: (res) => {
    const btn = res.index === -1 ? '取消' : '第' + res.index + '个';
    my.alert({title: `你点了${btn}按钮`});
  },
});
```

上述示例代码的展示效果如图8-5所示。

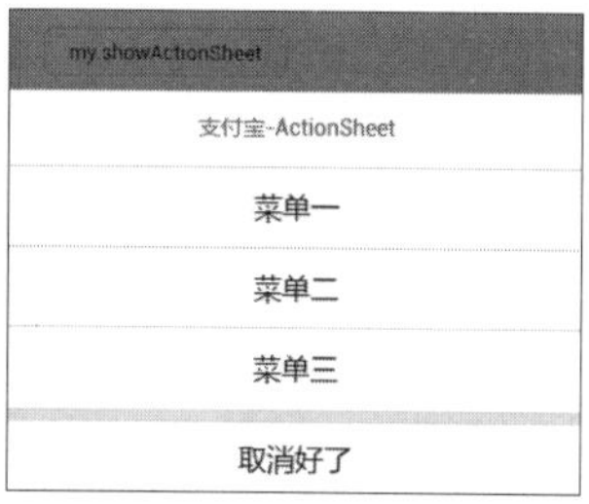

图 8-5 选择器操作菜单

## 8.1.4 下拉刷新

下拉刷新属于小程序的系统事件,在Page中自定义onPullDownRefresh函数,可以监听该页面用户的下拉刷新事件。值得注意的是,需要在页面对应的json配置文件中配置"pullRefresh": true选项,才能开启下拉刷新事件。当处理完数据刷新后,调用my.stopPullDownRefresh函数可以停止当前页面的下拉刷新。

示例代码如下。

```
// 8-14.json
{"pullRefresh": true}
```

```
// 8-14.js
Page({
  onPullDownRefresh() {
    console.log('onPullDownRefresh', new Date())
  },
});
```

- **my.stopPullDownRefresh**

停止当前页面的下拉刷新，示例代码如下。

```
Page({
  onPullDownRefresh(){
    my.stopPullDownRefresh()
  }
});
```

### 8.1.5 联系人

用于获取手机通讯录或支付宝通讯录。

- **my.choosePhoneContact**

选择本地系统通讯录中某个联系人的电话，接口参数说明如表8-13所示。

表8-13 choosePhoneContact接口参数说明

| 名称 | 类型 | 必填 | 描述 |
| --- | --- | --- | --- |
| success | Function | 否 | 调用成功的回调函数 |
| fail | Function | 否 | 调用失败的回调函数 |
| complete | Function | 否 | 调用结束的回调函数（调用成功、失败都会执行） |

success 返回值说明如表8-14所示。

表8-14 choosePhoneContact的success 返回值说明

| 名称 | 类型 | 描述 |
| --- | --- | --- |
| name | String | 选中的联系人姓名 |
| mobile | String | 选中的联系人手机号 |

错误码说明如表8-15所示。

表8-15 choosePhoneContact的错误码说明

| error | 描述 |
| --- | --- |
| 10 | 没有权限 |
| 11 | 用户取消操作(或设备未授权使用通讯录) |

示例代码如下。

```
my.choosePhoneContact({
  success: (res) => {
    my.alert({content: '姓名: ' + res.name + '\n号码: ' + res.mobile});
  },
});
```

- **my.chooseAlipayContact**

唤起支付宝通讯录，选择一个或多个支付宝联系人，接口参数说明如表8-16所示。

表8-16　chooseAlipayContact接口参数说明

| 名称 | 类型 | 必填 | 描述 |
|---|---|---|---|
| count | Number | 否 | 单次最多选择联系人个数，默认为1，最大为10 |
| success | Function | 否 | 调用成功的回调函数 |
| fail | Function | 否 | 调用失败的回调函数 |
| complete | Function | 否 | 调用结束的回调函数（调用成功、失败都会执行） |

success 返回值说明如表8-17所示。

表8-17　chooseAlipayContact的success 返回值说明

| 名称 | 类型 | 描述 |
|---|---|---|
| contacts | Object Array | 选中的支付宝联系人数组，数组内部对象字段见表8-18 |

contacts 返回字段说明如表8-18所示。

表8-18　chooseAlipayContact的contacts 返回字段说明

| 名称 | 类型 | 描述 |
|---|---|---|
| realName | String | 账号的真实姓名 |
| mobile | String | 账号对应的手机号码 |
| e-mail | String | 账号的邮箱 |
| avatar | String | 账号的头像链接 |
| userId | String | 支付宝账号 userId |

错误码说明如表8-19所示。

表8-19　chooseAlipayContact的错误码说明

| error | 描述 |
|---|---|
| 10 | 没有权限 |
| 11 | 用户取消操作(或设备未授权使用通讯录) |

示例代码如下。

```
my.chooseAlipayContact({
    count: 2,
    success: (res) => {my.alert({content: 'chooseAlipayContact response:
' + JSON.stringify(res)});},
```

```
        fail: (res) => {my.alert({content: 'chooseAlipayContact response: ' +
JSON.stringify(res)});}
        });
```

返回的mobile和e-mail字段不一定全有值，取决于所选取联系人的支付宝账号类型是手机号还是邮箱。

上述示例代码的展示效果如图8-6所示。

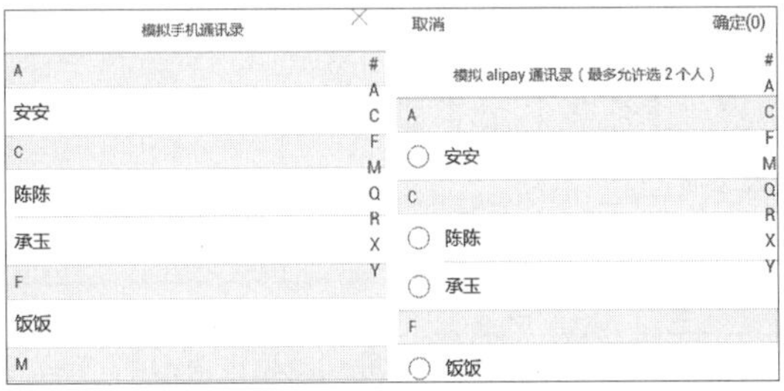

图8-6　选择联系人

## 8.1.6 选择城市

内置城市选择器，减少自定义表单组件的开发。

- **my.chooseCity**

打开城市选择列表，接口参数说明如表8-20所示。

表8-20　chooseCity接口参数说明

| 名称 | 类型 | 必填 | 描述 |
| --- | --- | --- | --- |
| showLocatedCity | Boolean | 否 | 是否显示当前定位城市，默认为false |
| showHotCities | Boolean | 否 | 是否显示热门城市，默认为true |
| cities | Object Array | 否 | 自定义城市列表，列表内对象字段见表8-21 |
| hotCities | Object Array | 否 | 自定义热门城市列表，列表内对象字段见表8-21 |
| success | Function | 否 | 调用成功的回调函数 |
| fail | Function | 否 | 调用失败的回调函数 |
| complete | Function | 否 | 调用结束的回调函数（调用成功、失败都会执行） |

城市对象说明如表8-21所示。

表8-21　chooseCity城市对象说明

| 名称 | 类型 | 必填 | 描述 |
| --- | --- | --- | --- |
| city | String | 是 | 城市名 |
| adCode | String | 是 | 行政区划分代码 |
| spell | String | 是 | 城市名对应拼音拼写，方便用户搜索 |

success 返回值说明如表8-22所示。

表8-22　chooseCity的success 返回值说明

| 名称 | 类型 | 描述 |
|---|---|---|
| city | String | 城市名 |
| adCode | String | 行政区划分代码 |

示例代码如下。

```
my.chooseCity({
  cities: [
    { city: '朝阳区', adCode: '110105', spell: 'chaoyang' },
    { city: '海淀区', adCode: '110108', spell: 'haidian' },
    { city: '丰台区', adCode: '110106', spell: 'fengtai' },
    { city: '东城区', adCode: '110101', spell: 'dongcheng' },
    { city: '西城区', adCode: '110102', spell: 'xicheng' },
    { city: '房山区', adCode: '110111', spell: 'fangshan' }
  ],
  hotCities: [
    { city: '朝阳区', adCode: '110105' },
    { city: '海淀区', adCode: '110108' },
    { city: '丰台区', adCode: '110106' }
  ],
  success: (res) => {my.alert({ content: res.city + ':' + res.adCode });},
});
```

如果用户没有选择任何城市就直接点击了系统的返回键，将不会触发回调函数。

上述示例代码的展示效果如图8-7所示。

图8-7　选择城市

### 8.1.7 选择日期

与选择城市一样，选择日期也属于内置选择器，减少了不必要的开发。

- my.datePicker(object)

打开日期选择列表，接口参数说明如表8-23所示。

表8-23　datePicker接口参数说明

| 名称 | 类型 | 必填 | 描述 |
| --- | --- | --- | --- |
| format | String | 否 | 返回的日期格式，包括：yyyy-MM-dd（默认），HH:mm，yyyy-MM-dd HH:mm，yyyy-MM，yyyy |
| currentDate | String | 否 | 初始选择的日期时间，默认为当前时间 |
| startDate | String | 否 | 最小日期时间 |
| endDate | String | 否 | 最大日期时间 |
| success | Function | 否 | 调用成功的回调函数 |
| fail | Function | 否 | 调用失败的回调函数 |
| complete | Function | 否 | 调用结束的回调函数（调用成功、失败都会执行） |

success 返回值说明如表8-24所示。

表8-24　datePicker的success 返回值说明

| 名称 | 类型 | 描述 |
| --- | --- | --- |
| date | String | 选择的日期 |

错误码说明如表8-25所示。

表8-25　datePicker的错误码说明

| error | 描述 |
| --- | --- |
| 11 | 用户取消操作 |

示例代码如下，效果如图8-8所示。

```
my.datePicker({
  format: 'yyyy-MM-dd',
  currentDate: '2012-12-12',
  startDate: '2012-12-10',
  endDate: '2012-12-15',
  success: (res) => {
    my.alert({content: res.date,});
  },
});
```

图8-8　选择日期

## 8.1.8 动画

小程序的动画是通过调用实例的方法来描述动画的,通过动画实例export方法将动画数据导出,并传递给组件的animation属性,export方法调用后会清掉之前的动画操作。

- **my.createAnimation**

创建动画实例animation,接口参数说明如表8-26所示。

表8-26　createAnimation接口参数说明

| 名称 | 类型 | 必填 | 描述 |
| --- | --- | --- | --- |
| duration | Integer | 否 | 动画的持续时间,单位为ms,默认值为400 |
| timingFunction | String | 否 | 定义动画的效果,默认值为linear,有效值为linear、ease、ease-in、ease-in-out、ease-out、step-start、step-end |
| delay | Integer | 否 | 动画延迟时间,单位为ms,默认值为0 |
| transformOrigin | String | 否 | 设置transform-origin,默认值为50 |

示例代码如下。

```
const animation = my.createAnimation({
  transformOrigin: "top right",
  duration: 3000,
  timingFunction: "ease-in-out",
  delay: 100,
})
```

- **animation**

动画实例可以调用以下方法来描述动画,调用结束后会返回实例本身,支持链式调用的写法。

样式参数说明如表8-27所示。

表8-27 animation样式参数说明

| 方法 | 参数 | 说明 |
| --- | --- | --- |
| opacity | value | 透明度，参数范围为0~1 |
| backgroundColor | color | 颜色值 |
| width | length | 长度值，如果传入数字则默认单位为px，可传入其他自定义单位的长度值 |
| height | length | 同上 |
| top | length | 同上 |
| left | length | 同上 |
| bottom | length | 同上 |
| right | length | 同上 |

旋转参数说明如表8-28所示。

表8-28 旋转参数说明

| 方法 | 参数 | 说明 |
| --- | --- | --- |
| rotate | deg | deg范围为-180°~180°，从原点顺时针旋转一个deg角度 |
| rotateX | deg | deg范围为-180°~180°，在X轴旋转一个deg角度 |
| rotateY | deg | deg范围为-180°~180°，在Y轴旋转一个deg角度 |
| rotateZ | deg | deg范围为-180°~180°，在Z轴旋转一个deg角度 |
| rotate3d | (x, y, z, deg) | 同transform-function rotate3d |

缩放参数说明如表8-29所示。

表8-29 缩放参数说明

| 方法 | 参数 | 说明 |
| --- | --- | --- |
| scale | sx,[sy] | 只有一个参数时，表示在X轴、Y轴同时缩放sx倍；有两个参数时，表示在X轴缩放sx倍，在Y轴缩放sy倍 |
| scaleX | sx | 在X轴缩放sx倍 |
| scaleY | sy | 在Y轴缩放sy倍 |
| scaleZ | sz | 在Z轴缩放sy倍 |
| scale3d | (sx,sy,sz) | 在X轴缩放sx倍，在Y轴缩放sy倍，在Z轴缩放sz倍 |

偏移参数说明如表8-30所示。

表8-30 偏移参数说明

| 方法 | 参数 | 说明 |
| --- | --- | --- |
| translate | tx,[ty] | 只有一个参数时，表示在X轴偏移tx；有两个参数时，表示在X轴偏移tx，在Y轴偏移ty，单位均为px |
| translateX | tx | 在X轴偏移tx，单位为px |
| translateY | ty | 在Y轴偏移tx，单位为px |
| translateZ | tz | 在Z轴偏移tx，单位为px |
| translate3d | (tx,ty,tz) | 在X轴偏移tx，在Y轴偏移ty，在Z轴偏移tz，单位为px |

倾斜参数说明如表8-31所示。

表8-31 倾斜参数说明

| 方法 | 参数 | 说明 |
| --- | --- | --- |
| skew | ax,[ay] | 参数范围为-180°~180°。只有一个参数时，Y轴坐标不变，X轴坐标沿顺时针倾斜ax度；有两个参数时，分别在X轴倾斜ax度，在Y轴倾斜ay度 |
| skewX | ax | 参数范围为-180°~180°。Y轴坐标不变，X轴坐标沿顺时针倾斜ax度 |
| skewY | ay | 参数范围为-180°~180°。X轴坐标不变，Y轴坐标沿顺时针倾斜ay度 |

矩阵变形参数说明如表8-32所示。

表8-32 矩阵变形参数说明

| 方法 | 参数 | 说明 |
| --- | --- | --- |
| skew | ax,[ay] | 参数范围为-180°~180°。只有一个参数时，Y轴坐标不变，X轴坐标沿顺时针倾斜ax度；有两个参数时，分别在X轴倾斜ax度，在Y轴倾斜ay度 |
| skewX | ax | 参数范围为-180°~180°。Y轴坐标不变，X轴坐标沿顺时针倾斜ax度 |
| skewY | ay | 参数范围为-180°~180°。X轴坐标不变，Y轴坐标沿顺时针倾斜ay度 |

调用动画操作方法后需要调用step()来表示一组动画完成，在一组动画中可以调用任意多个动画方法，一组动画中的所有动画会同时开始，当一组动画完成后才会进行下一组动画。step()可以传入一个与my.createAnimation()一样的配置参数用于指定当前组动画的配置。

示例代码如下。

```
<view animation="{{animationInfo}}" style="background:red;height:30rpx;width:30rpx"></view>
```

```
// 8-18.js
Page({
  data: {
    animationInfo: {}
  },
  onShow(){
    this.animation = my.createAnimation({
      duration: 1000,
      timingFunction: 'ease-in-out',
    });
    this.animation.scale(2,2).rotate(60).step();
    this.setData({animationInfo:this.animation.export()});
```

```
    setTimeout(function() {
      this.animation.scale(1,1).step();
      this.setData({animationInfo:this.animation.export(),});
    }.bind(this), 1500);
  },
  rotateAndScale () {
    // 旋转同时放大
    this.animation.rotate(60).scale(3, 3).step();
    this.setData({animationInfo: this.animation.export(),});
  },
  rotateThenScale () {
    // 先旋转后放大
    this.animation.rotate(60).step();
    this.animation.scale(3, 3).step();
    this.setData({animationInfo: this.animation.export(),});
  },
  rotateAndScaleThenTranslate () {
    // 先旋转同时放大，然后平移
    this.animation.rotate(60).scale(3, 3).step();
    this.animation.translate(200,-100).step({ duration: 2000 });
    this.setData({animationInfo: this.animation.export()});
  },
  reset () {
    // 重置动画
    this.animation.rotate(0).scale(1, 1).translate(0, 0).step();
    this.setData({animationInfo: this.animation.export(),});
  },
})
```

上述示例代码的展示效果如图8-9所示。

图8-9　动画

## 8.1.9 画布

画布能实现非常多的功能，这些都要依赖接口来完成，内容相对较多。

- **my.createCanvasContext(canvasId)**

创建 canvas 绘图上下文，该绘图上下文只作用于对应canvasId的<canvas/>标签，其接口参数说明如表8-33所示。

表8-33　createCanvasContext接口参数说明

| 参数 | 类型 | 说明 |
|---|---|---|
| canvasId | String | 定义在canvas标签上的 id |

- **toTempFilePath**

把当前画布的内容导出生成图片，并返回文件路径，接口参数说明如表8-34所示。

表8-34　toTempFilePath接口参数说明

| 参数 | 类型 | 必填 | 描述 |
|---|---|---|---|
| x | Number | 否 | 画布在X轴的起点，默认为 0 |
| y | Number | 否 | 画布在Y轴的起点，默认为 0 |
| width | Number | 否 | 画布宽度，默认为 canvas 宽度 - x |
| height | Number | 否 | 画布高度，默认为 canvas 高度 - y |
| destWidth | Number | 否 | 输出的图片宽度，默认为 width |
| destHeight | Number | 否 | 输出的图片高度，默认为 height |
| success | Function | 否 | 接口成功回调 |
| fail | Function | 否 | 接口失败回调 |
| complete | Function | 否 | 接口完成回调 |

示例代码如下，效果如图8-10所示。

```
// 8-19.js
Page({
  data:{apFilePath:""},
  onReady() {
    const ctx = my.createCanvasContext('awesomeCanvas');
    ctx.arc(50, 50, 50, 0, 2*Math.PI);
    ctx.setFillStyle('#ccc');
    ctx.fill();
    ctx.draw();
  },
  toTempFilePath(){
    var that = this;
```

```
            const ctx = my.createCanvasContext('awesomeCanvas');
            ctx.toTempFilePath({
                x:30,y:30,success(res) { that.setData(res) },
            });
        },
    })
```

图8-10  截取画布生成图片

- **setTextAlign**

textAlign是Canvas 2D API在描述绘制文本时，文本对齐方式的属性。注意，该对齐方式是基于CanvasRenderingContext2D.fillText方法的x的值。如果 textAlign="center"，那么该文本将画在 x-50%*width，其接口参数说明如表8-35所示。

表8-35  setTextAlign接口参数说明

| 参数 | 类型 | 说明 |
| --- | --- | --- |
| textAlign | String | 有效值为left、right、center、start、end |

示例代码如下，效果如图8-11所示。

```
const ctx = my.createCanvasContext('awesomeCanvas');
    ctx.setTextAlign("right");
    ctx.setFontSize(36);
    ctx.fillText("Hello world", 200, 60);
    ctx.fillText("Hi~", 200, 120);
ctx.draw();
```

图8-11  文本对齐方式

- **setTextBaseline**

textBaseline是Canvas 2D API在描述绘制文本时，当前文本基线的属性，其接口参数说明如

表8-36所示。

表8-36 setTextBaseline接口参数说明

| 参数 | 类型 | 说明 |
|---|---|---|
| textBaseline | String | 有效值为top、hanging、middle、alphabetic、ideographic、bottom |

示例代码如下，效果如图8-12所示。

```
const ctx = my.createCanvasContext('awesomeCanvas');
ctx.setFontSize(18);
ctx.setTextBaseline("middle");
ctx.fillText("setTextBaseline", 0, 0);
ctx.draw();
```

图8-12 文本基线

- **setFillStyle**

设置填充色，如果没有设置，则默认颜色为black，其接口参数说明如表8-37所示。

表8-37 setFillStyle接口参数说明

| 参数 | 类型 | 说明 |
|---|---|---|
| color | Color | Gradient Object |

示例代码如下，效果如图8-13所示。

```
const ctx = my.createCanvasContext('awesomeCanvas');
ctx.setFillStyle('blue');
ctx.fillRect(30, 30, 80, 60);
ctx.draw();
```

图8-13 填充颜色

- setStrokeStyle

设置边框颜色，如果没有设置，则默认颜色为black，其接口参数说明如表8-38所示。

表8-38 setStrokeStyle接口参数说明

| 参数 | 类型 | 说明 |
|---|---|---|
| color | Color | Gradient Object |

示例代码如下，效果如图8-14所示。

```
const ctx = my.createCanvasContext('awesomeCanvas');
ctx.setStrokeStyle('blue');
ctx.strokeRect(30, 30, 80, 60);
ctx.draw();
```

图8-14 边框颜色

- setShadow

设置阴影样式，如果没有设置，则offsetX、offsetY和blur的默认值为0，color默认为black，其接口参数说明如表8-39所示。

表8-39 setShadow接口参数说明

| 参数 | 类型 | 范围 | 描述 |
|---|---|---|---|
| offsetX | Number | | 阴影相对于形状水平方向的偏移 |
| offsetY | Number | | 阴影相对于形状竖直方向的偏移 |
| blur | Number | 0~100 | 阴影的模糊级别，值越大越模糊 |
| color | Color | | 阴影颜色 |

示例代码如下，效果如图8-15所示。

```
const ctx = my.createCanvasContext('awesomeCanvas');
ctx.setFillStyle('red');
ctx.setShadow(10, 10, 5, 'yellow');
ctx.fillRect(20, 20, 80, 60);
ctx.draw();
```

图8-15　阴影

- **createLinearGradient**

创建一个线性的渐变色，需要使用addColorStop()来指定渐变点，至少指定两个点，其接口参数说明如表8-40所示。

表8-40　createLinearGradient接口参数说明

| 参数 | 类型 | 说明 |
| --- | --- | --- |
| $x0$ | Number | 起点的$x$坐标 |
| $y0$ | Number | 起点的$y$坐标 |
| $x1$ | Number | 终点的$x$坐标 |
| $y1$ | Number | 终点的$y$坐标 |

示例代码如下，效果如图8-16所示。

```
const ctx = my.createCanvasContext('awesomeCanvas');
const grd = ctx.createLinearGradient(20, 20, 100,80);
grd.addColorStop(0, 'yellow');
grd.addColorStop(1, 'blue');
ctx.setFillStyle(grd);
ctx.fillRect(20, 20, 80, 60);
ctx.draw();
```

图8-16　线性渐变

- **createCircularGradient**

创建一个圆形的渐变色，起点在圆心，终点在圆环，需要使用addColorStop()来指定渐变点，至少指定两个点，其接口参数说明如表8-41所示。

表8-41　createCircularGradient接口参数说明

| 参数 | 类型 | 说明 |
| --- | --- | --- |
| x | Number | 圆心的x坐标 |
| y | Number | 圆心的y坐标 |
| r | Number | 圆半径 |

示例代码如下，效果如图8-17所示。

```
const ctx = my.createCanvasContext('awesomeCanvas');
const grd = ctx.createCircularGradient(60, 50, 30);
grd.addColorStop(0, 'blue');
grd.addColorStop(1, 'red');
ctx.setFillStyle(grd);
ctx.fillRect(20, 20, 80, 60);
ctx.draw();
```

图8-17　圆形的渐变色

- addColorStop

创建一个颜色的渐变点，小于最小stop的部分会按最小stop的color来渲染，大于最大stop的部分会按最大stop的color来渲染。需要用至少两个addColorStop()来指定渐变点，其接口参数说明如表8-42所示。

表8-42　addColorStop接口参数说明

| 参数 | 类型 | 说明 |
| --- | --- | --- |
| stop | Number | 表示渐变点在起点和终点之间的位置，范围为0～1 |
| color | Color | 渐变点颜色 |

示例代码如下，效果如图8-18所示。

```
const ctx = my.createCanvasContext('awesomeCanvas');
const grd = ctx.createLinearGradient(20, 20, 100, 80);
grd.addColorStop(0.36, 'orange');
grd.addColorStop(0.56, 'cyan');
grd.addColorStop(0.63, 'yellow');
grd.addColorStop(0.76, 'blue');
```

```
grd.addColorStop(0.54, 'green');
grd.addColorStop(1, 'purple');
grd.addColorStop(0.4, 'red');
ctx.setFillStyle(grd);
ctx.fillRect(20, 20, 80, 60);
ctx.draw();
```

图8-18　渐变控制点

- setLineWidth

设置线条的宽度，其接口参数说明如表8-43所示。

表8-43　setLineWidth接口参数说明

| 参数 | 类型 | 说明 |
| --- | --- | --- |
| lineWidth | Number | 线条宽度，单位为 px |

示例代码如下，效果如图8-19所示。

```
const ctx = my.createCanvasContext('awesomeCanvas');
ctx.beginPath();
ctx.moveTo(20, 10);
ctx.lineTo(120, 10);
ctx.stroke();

ctx.beginPath();
ctx.setLineWidth(10);
ctx.moveTo(20, 30);
ctx.lineTo(120, 30);
ctx.stroke();

ctx.beginPath();
ctx.setLineWidth(20);
```

```
ctx.moveTo(20, 50);
ctx.lineTo(120, 50);
ctx.stroke();

ctx.beginPath();
ctx.setLineWidth(25);
ctx.moveTo(20, 80);
ctx.lineTo(120, 80);
ctx.stroke();
ctx.draw();
```

图8-19　线条宽度

- setLineCap

设置线条的端点样式，其接口参数说明如表8-44所示。

表8-44　setLineCap接口参数说明

| 参数 | 类型 | 范围 | 描述 |
| --- | --- | --- | --- |
| lineCap | String | "round" "butt" "square" | 线条的结束端点样式 |

示例代码如下，效果如图8-20所示。

```
const ctx = my.createCanvasContext('awesomeCanvas');
ctx.beginPath();
ctx.moveTo(10, 10);
ctx.lineTo(120, 10);
ctx.stroke();

ctx.beginPath();
ctx.setLineCap('round');
ctx.setLineWidth(20);
ctx.moveTo(20, 30);
```

```
ctx.lineTo(120, 30);
ctx.stroke();

ctx.beginPath();
ctx.setLineCap('butt');
ctx.setLineWidth(10);
ctx.moveTo(20, 60);
ctx.lineTo(120, 60);
ctx.stroke();

ctx.beginPath();
ctx.setLineCap('square');
ctx.setLineWidth(10);
ctx.moveTo(20, 80);
ctx.lineTo(120, 80);
ctx.stroke();
ctx.draw();
```

图8-20　线条端点样式

- setLineJoin

设置线条的交点样式，其接口参数说明如表8-45所示。

表8-45　setLineJoin接口参数说明

| 参数 | 类型 | 范围 | 描述 |
| --- | --- | --- | --- |
| lineJoin | String | "round"　"bevel"　"miter" | 线条的结束交点样式 |

示例代码如下，效果如图8-21所示。

```
const ctx = my.createCanvasContext('awesomeCanvas');
ctx.beginPath();
ctx.moveTo(10, 45);
```

```
ctx.lineTo(40, 60);
ctx.lineTo(10, 75);
ctx.stroke();

ctx.beginPath();
ctx.setLineJoin('round');
ctx.setLineWidth(10);
ctx.moveTo(10, 30);
ctx.lineTo(65, 60);
ctx.lineTo(10, 90);
ctx.stroke();

ctx.beginPath();
ctx.setLineJoin('bevel');
ctx.setLineWidth(20);
ctx.moveTo(40, 10);
ctx.lineTo(100, 60);
ctx.lineTo(40, 110);
ctx.stroke();

ctx.beginPath();
ctx.setLineJoin('miter');
ctx.setLineWidth(15);
ctx.moveTo(80, 10);
ctx.lineTo(135, 60);
ctx.lineTo(80, 110);
ctx.stroke();
ctx.draw();
```

图8-21　线条交点样式

- **setMiterLimit**

设置最大斜接长度，斜接长度是指在两条线交会处内角和外角之间的距离。当setLineJoin()为miter时才有效。超过最大倾斜长度的，连接处将以lineJoin为bevel来显示，其接口参数说明如表8-46所示。

表8-46　setMiterLimit接口参数说明

| 参数 | 类型 | 说明 |
| --- | --- | --- |
| miterLimit | Number | 最大斜接长度 |

示例代码如下，效果如图8-22所示。

```
const ctx = my.createCanvasContext('awesomeCanvas');
ctx.beginPath();
ctx.setLineWidth(10);
ctx.setLineJoin('miter');
ctx.setMiterLimit(1);
ctx.moveTo(10, 10);
ctx.lineTo(80, 60);
ctx.lineTo(10, 110);
ctx.stroke();

ctx.beginPath();
ctx.setLineJoin('miter');
ctx.setMiterLimit(2);
ctx.moveTo(40, 10);
ctx.lineTo(110, 60);
ctx.lineTo(40, 110);
ctx.stroke();
ctx.draw();
```

图8-22　最大斜接长度

- rect

创建一个矩形,用fill()或stroke()方法将矩形画到canvas中,其接口参数说明如表8-47所示。

表8-47　rect接口参数说明

| 参数 | 类型 | 说明 |
| --- | --- | --- |
| x | Number | 矩形左上角的 x 坐标 |
| y | Number | 矩形左上角的 y 坐标 |
| width | Number | 矩形路径宽度 |
| height | Number | 矩形路径高度 |

示例代码如下,效果如图8-23所示。

```
const ctx = my.createCanvasContext('awesomeCanvas');
ctx.beginPath();
ctx.setFillStyle('blue');
ctx.rect(20, 20, 110, 80);
ctx.fill();
ctx.draw();
```

图8-23　绘制矩形

- fillRect

填充矩形,用setFillStyle()设置矩形的填充色,如果没有设置,则默认为black,效果等同于先rect再fill,其接口参数说明如表8-48所示。

表8-48　fillRect接口参数说明

| 参数 | 类型 | 说明 |
| --- | --- | --- |
| x | Number | 矩形左上角的 x 坐标 |
| y | Number | 矩形左上角的 y 坐标 |
| width | Number | 矩形路径宽度 |
| height | Number | 矩形路径高度 |

示例代码如下,效果如图8-24所示。

```
const ctx = my.createCanvasContext('awesomeCanvas');
ctx.beginPath();
```

```
ctx.setFillStyle('red');
ctx.fillRect(20, 20, 110, 80);
ctx.draw();
```

图8-24 填充矩形

- **strokeRect**

画一个矩形(非填充)，用setFillStroke()设置矩形线条的颜色，如果没有设置，则默认为black，其接口参数说明如表8-49所示。

表8-49 strokeRect接口参数说明

| 参数 | 类型 | 说明 |
| --- | --- | --- |
| x | Number | 矩形左上角的 x 坐标 |
| y | Number | 矩形左上角的 y 坐标 |
| width | Number | 矩形路径宽度 |
| height | Number | 矩形路径高度 |

示例代码如下，效果如图8-25所示。

```
const ctx = my.createCanvasContext('awesomeCanvas');
ctx.setStrokeStyle('blue');
ctx.strokeRect(20, 20, 250, 80);
ctx.draw();
```

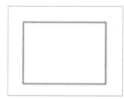

图8-25 矩形边框

- **clearRect**

清除画布上一个矩形区域的内容，其接口参数说明如表8-50所示。

表8-50  clearRect接口参数说明

| 参数 | 类型 | 说明 |
| --- | --- | --- |
| x | Number | 矩形左上角的 x 坐标 |
| y | Number | 矩形左上角的 y 坐标 |
| width | Number | 矩形路径宽度 |
| height | Number | 矩形路径高度 |

clearRect并非在地址区域画一个白色的矩形,而是清空指定区域的内容。为了让用户有直观感受,可以为canvas加一层背景色,示例代码如下,效果如图8-26所示。

```
ctx.setFillStyle('yellow');
    ctx.fillRect(20, 20, 200, 200);
    ctx.setFillStyle('red');
    ctx.setFontSize(36);
    ctx.fillText("Hello world", 20, 50);
    ctx.clearRect(40, 40, 160, 160);
ctx.draw();
```

图8-26  清除矩形区域

- fill

对当前路径中的内容进行填充,如果没有设置,则默认为black。

如果当前路径没有闭合,fill()方法会将起点和终点进行连接,然后填充,示例代码如下。

```
const ctx = my.createCanvasContext('awesomeCanvas')
ctx.beginPath();
ctx.moveTo(10, 10);
ctx.lineTo(120, 10);
ctx.lineTo(120, 30);
ctx.fill();
```

```
ctx.draw();
```

fill()填充的路径是从beginPath()开始计算的,但不会将fillRect()包含进去,示例代码如下。

```
const ctx = my.createCanvasContext('awesomeCanvas');
ctx.rect(10, 30, 20, 20);
ctx.setFillStyle('blue');
ctx.fill();
ctx.beginPath();
ctx.rect(10, 70, 20, 20);
ctx.setFillStyle('yellow');
ctx.fillRect(60, 40, 20, 20);
ctx.rect(60, 80, 20, 20);
ctx.setFillStyle('red');
ctx.fill();
ctx.draw();
```

上述示例代码的展示效果如图8-27所示。

图8-27　填充

- **stroke**

画出当前路径的边框,如果没有设置,则默认为black。

stroke()描绘的路径是从beginPath()开始计算的,但不会将strokeRect()包含进去,示例代码如下,展示效果如图8-28所示。

```
const ctx = my.createCanvasContext('awesomeCanvas');
ctx.beginPath();
ctx.moveTo(10, 10);
ctx.lineTo(120, 10);
ctx.lineTo(120, 30);
ctx.stroke();
ctx.draw();
```

```
const ctx = my.createCanvasContext('awesomeCanvas');
ctx.rect(10, 30, 20, 20);
ctx.setStrokeStyle('blue');
ctx.stroke();

ctx.beginPath();
ctx.rect(10, 70, 20, 20);
ctx.setStrokeStyle('yellow');
ctx.strokeRect(60, 40, 20, 20);
ctx.rect(60, 80, 20, 20);
ctx.setStrokeStyle('red');
ctx.stroke();
ctx.draw();
```

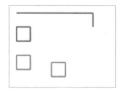

图8-28 描边

- **beginPath**

开始创建一个路径，需要调用fill或stroke才能使用路径进行填充或描边。

在最开始时相当于调用了一次beginPath()。同一个路径内的多次setFillStyle()、setStrokeStyle()、setLineWidth()等设置，以最后一次设置为准，示例代码如下，展示效果如图8-29所示。

```
const ctx = my.createCanvasContext('awesomeCanvas');
ctx.rect(10, 10, 20, 20);
ctx.setFillStyle('blue');
ctx.fill();
ctx.beginPath();
ctx.rect(10, 50, 20, 20);
ctx.setFillStyle('yellow');
```

```
ctx.fillRect(60, 10, 20, 20);
ctx.rect(60, 50, 20, 20);
ctx.setFillStyle('red');
ctx.fill();
ctx.draw();
```

图8-29　创建新路径

- **closePath**

关闭一个路径，关闭路径会连接起点和终点。

如果关闭路径后没有调用fill()或stroke()并开启新的路径，那之前的路径将不会被渲染，示例代码如下，展示效果如图8-30所示。

```
const ctx = my.createCanvasContext('awesomeCanvas');
ctx.moveTo(10, 10);
ctx.lineTo(120, 10);
ctx.lineTo(120, 30);
ctx.closePath();
ctx.stroke();
ctx.draw();
ctx.rect(10, 30, 20, 20);
ctx.closePath();

ctx.beginPath();
ctx.rect(10, 70, 20, 20);
ctx.setFillStyle('red');
ctx.fillRect(60, 30, 20, 20);
ctx.rect(60, 70, 20, 20);
ctx.setFillStyle('blue');
ctx.fill();
```

```
ctx.draw();
```

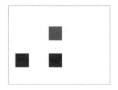

图8-30 关闭当前路径

- **moveTo**

把路径移动到画布中的指定点,但不创建线条,需要使用stroke()方法来画线条,其接口参数说明如表8-51所示。

表8-51 moveTo接口参数说明

| 参数 | 类型 | 说明 |
| --- | --- | --- |
| x | Number | 目标位置的 x 坐标 |
| y | Number | 目标位置的 y 坐标 |

示例代码如下,展示效果如图8-31所示。

```
const ctx = my.createCanvasContext('awesomeCanvas');
ctx.moveTo(20, 20);
ctx.lineTo(120, 20);
ctx.moveTo(20, 60);
ctx.lineTo(120, 60);
ctx.stroke();
ctx.draw();
```

图8-31 移动路径

- **lineTo**

增加一个新点,然后创建一条从上次指定点到新点的线,需要使用stroke()方法来画线条,其接口参数说明如表8-52所示。

表8-52　lineTo接口参数说明

| 参数 | 类型 | 说明 |
| --- | --- | --- |
| x | Number | 目标位置的 x 坐标 |
| y | Number | 目标位置的 y 坐标 |

示例代码如下，展示效果如图8-32所示。

```
const ctx = my.createCanvasContext('awesomeCanvas');
ctx.beginPath();
ctx.moveTo(20, 20);
ctx.rect(20, 20, 30, 30);
ctx.lineTo(120, 80);
ctx.stroke();
ctx.draw();
```

图8-32　绘制直线

- arc

画一条弧线或弧形。可以用arc()方法指定起始弧度为0，终止弧度为2*Math.PI来创建一个圆形。用stroke()或fill()方法在 canvas 中画弧线，其接口参数说明如表8-53所示。

表8-53　arc接口参数说明

| 参数 | 类型 | 说明 |
| --- | --- | --- |
| x | Number | 圆的 x 坐标 |
| y | Number | 圆的 y 坐标 |
| r | Number | 圆的半径 |
| sAngle | Number | 起始弧度，单位弧度（在3点钟方向） |
| eAngle | Number | 终止弧度 |
| counterclockwise | Boolean | 可选，指定弧度的方向是逆时针还是顺时针，默认为 false。 |

示例代码如下，展示效果如图8-33所示。

```
const ctx = my.createCanvasContext('awesomeCanvas');
ctx.beginPath();
ctx.arc(40, 60, 30, 0, 2 * Math.PI);
ctx.setFillStyle('red');
ctx.fill();
```

```
ctx.beginPath();
ctx.arc(80, 30, 15, 0, 0.8 * Math.PI);
ctx.setFillStyle('blue');
ctx.fill();

ctx.beginPath();
ctx.arc(80, 90, 15, 0, 1.2 * Math.PI);
ctx.setFillStyle('green');
ctx.fill();

ctx.beginPath();
ctx.arc(120, 30, 15, 0, 2 * Math.PI);
ctx.setFillStyle('red');
ctx.fill();

ctx.beginPath();
ctx.arc(120, 90, 15, 0, 1.6 * Math.PI);
ctx.setStrokeStyle('#666666');
ctx.stroke();
ctx.draw();
```

图8-33 绘制弧线与弧形

- **bezierCurveTo**

创建三次方贝塞尔曲线路径，曲线的起始点为当前画布路径的点，其接口参数说明如表8-54所示。

表8-54　bezierCurveTo接口参数说明

| 参数 | 类型 | 说明 |
|---|---|---|
| cp1$x$ | Number | 第一个贝塞尔控制点的 $x$ 坐标 |
| cp1$y$ | Number | 第一个贝塞尔控制点的 $y$ 坐标 |
| cp2$x$ | Number | 第二个贝塞尔控制点的 $x$ 坐标 |
| cp2$y$ | Number | 第二个贝塞尔控制点的 $y$ 坐标 |
| $x$ | Number | 结束点 $x$ 坐标 |
| $y$ | Number | 结束点 $y$ 坐标 |

示例代码如下，展示效果如图8-34所示。

```
const ctx = my.c,reateCanvasContext('awesomeCanvas');
ctx.beginPath();
ctx.moveTo(10, 10);
ctx.bezierCurveTo(30, 80, 120, 40, 140, 80);
ctx.setStrokeStyle('black');
ctx.stroke();

ctx.beginPath();
ctx.arc(10, 10, 2, 0, 2 * Math.PI);
ctx.setFillStyle('red');
ctx.fill();

ctx.beginPath();
ctx.arc(30, 80, 2, 0, 2 * Math.PI);
ctx.setFillStyle('blue');
ctx.fill();

ctx.beginPath();
ctx.arc(120, 40, 2, 0, 2 * Math.PI);
ctx.setFillStyle('green');
ctx.fill();

ctx.beginPath();
ctx.arc(140, 80, 2, 0, 2 * Math.PI);
ctx.setFillStyle('red');
ctx.fill();
```

```
ctx.beginPath();
ctx.moveTo(10, 10);
ctx.lineTo(30, 80);
ctx.moveTo(140, 80);
ctx.lineTo(120, 40);
ctx.setStrokeStyle('#EEEEEE');
ctx.stroke();
ctx.draw();
```

图8-34 三次方贝赛尔曲线

- **quadraticCurveTo**

创建二次方贝塞尔曲线路径,曲线的起始点为当前画布路径的点,其接口参数说明如表8-55所示。

表8-55 quadraticCurveTo接口参数说明

| 参数 | 类型 | 说明 |
| --- | --- | --- |
| cp$x$ | Number | 贝塞尔控制点的 $x$ 坐标 |
| cp$y$ | Number | 贝塞尔控制点的 $y$ 坐标 |
| $x$ | Number | 结束点的 $x$ 坐标 |
| $y$ | Number | 结束点的 $y$ 坐标 |

示例代码如下,展示效果如图8-35所示。

```
const ctx = my.createCanvasContext('awesomeCanvas');
ctx.beginPath();
ctx.moveTo(10, 10);
ctx.quadraticCurveTo(70, 60, 120, 30);
ctx.setStrokeStyle('black');
ctx.stroke();

ctx.beginPath();
ctx.arc(10, 10, 2, 0, 2 * Math.PI);
```

```
ctx.setFillStyle('red');
ctx.fill();

ctx.beginPath();
ctx.arc(120, 30, 2, 0, 2 * Math.PI);
ctx.setFillStyle('blue');
ctx.fill();

ctx.beginPath();
ctx.arc(70, 60, 2, 0, 2 * Math.PI);
ctx.setFillStyle('green');
ctx.fill();
ctx.setFillStyle('black');
ctx.setFontSize(12);

ctx.beginPath();
ctx.moveTo(10, 10);
ctx.lineTo(70, 60);
ctx.lineTo(120, 30);
ctx.setStrokeStyle('#AAAAAA');
ctx.stroke();ctx.draw();
```

图8-35　二次方贝赛尔曲线

- scale

在调用scale方法后，创建的路径横纵坐标会被缩放，并且多次调用的scale倍数会相乘，其接口参数说明如表8-56所示。

表8-56　scale接口参数说明

| 参数 | 类型 | 说明 |
| --- | --- | --- |
| scaleWidth | Number | 横坐标缩放倍数 (1 = 100%，0.5 = 50%，2 = 200%) |
| scaleHeight | Number | 纵坐标缩放倍数 (1 = 100%，0.5 = 50%，2 = 200%) |

示例代码如下，效果如图8-36所示。

```
const ctx = my.createCanvasContext('awesomeCanvas');
ctx.strokeRect(10, 10, 10, 15);
ctx.scale(2, 2);ctx.strokeRect(10, 10, 10, 15);
ctx.scale(2, 2);ctx.strokeRect(10, 10, 10, 15);
ctx.draw();
```

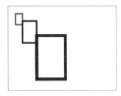

图8-36　缩放

- rotate

以原点（画布左上角，可以用translate方法修改）为中心，顺时针旋转，多次调用rotate，旋转的角度会叠加，其接口参数说明如表8-57所示。

表8-57　rotate接口参数说明

| 参数 | 类型 | 说明 |
| --- | --- | --- |
| rotate | Number | 旋转角度，以弧度计(degrees * Math.PI/180；degrees 范围为 0~360°) |

示例代码如下，展示效果如图8-37所示。

```
const ctx = my.createCanvasContext('awesomeCanvas');
ctx.strokeRect(60, 10, 30, 30);
ctx.rotate(30 * Math.PI / 180);
ctx.strokeRect(60, 10, 30, 30);
ctx.rotate(30 * Math.PI / 180);
ctx.strokeRect(60, 10, 30, 30);
ctx.draw();
```

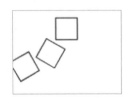

图8-37　旋转

- **translate**

对当前坐标系的原点(0, 0)进行变换，默认的坐标系原点为页面左上角，其接口参数说明如表8-58所示。

表8-58　translate接口参数说明

| 参数 | 类型 | 说明 |
| --- | --- | --- |
| x | Number | 水平坐标平移量 |
| y | Number | 垂直坐标平移量 |

示例代码如下，效果如图8-38所示。

```
const ctx = my.createCanvasContext('awesomeCanvas');
ctx.strokeRect(10, 10, 30, 30);
ctx.translate(20, 20);
ctx.strokeRect(10, 10, 30, 30);
ctx.translate(20, 20);
ctx.strokeRect(10, 10, 30, 30);
ctx.draw();
```

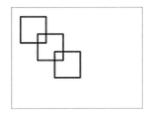

图8-38　位移

- **setFontSize**

设置字体大小，其接口参数说明如表8-59所示。

表8-59　setFontSize接口参数说明

| 参数 | 类型 | 说明 |
| --- | --- | --- |
| fontSize | Number | 字号 |

示例代码如下，展示效果如图8-39所示。

```
const ctx = my.createCanvasContext('awesomeCanvas');
ctx.setTextBaseline("top");
ctx.setFontSize(14);
ctx.fillText('14号', 10, 10);
ctx.setFontSize(18);
```

```
ctx.fillText('18号', 10, 30);
ctx.setFontSize(24);
ctx.fillText('24号', 10, 55);
ctx.setFontSize(30);
ctx.fillText('30号', 70, 10);
ctx.setFontSize(36);
ctx.fillText('36号', 70, 55);
ctx.draw();
```

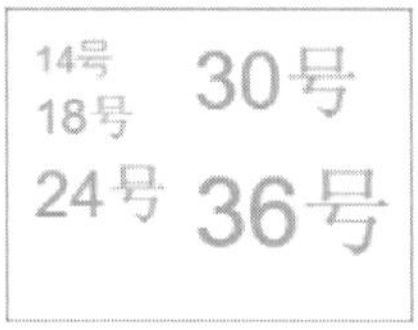

图8-39　字体大小

- fillText

在画布上绘制被填充的文本，其接口参数说明如表8-60所示。

表8-60　fillText接口参数说明

| 参数 | 类型 | 说明 |
| --- | --- | --- |
| text | String | 文本 |
| x | Number | 绘制文本的左上角 x 坐标 |
| y | Number | 绘制文本的左上角 y 坐标 |

示例代码如下，展示效果如图8-40所示。

```
const ctx = my.createCanvasContext('awesomeCanvas');
ctx.setFontSize(24);
ctx.setTextBaseline("top");
ctx.fillText('Hello', 10, 10);
ctx.fillText('alipay', 10, 40)
ctx.draw();
```

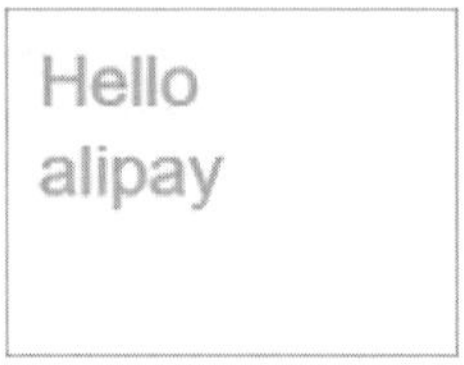

图8-40　填充文本

- **drawImage**

绘制图像，图像保持原始尺寸，其接口参数说明如表8-61所示。

表8-61　drawImage接口参数说明

| 参数 | 类型 | 说明 |
|---|---|---|
| imageResource | String | 图片资源，只支持线上cdn地址或离线包地址，线上cdn需返回头Access-Control-Allow-Origin: * |
| x | Number | 图像左上角的x坐标 |
| y | Number | 图像左上角的y坐标 |
| width | Number | 图像宽度 |
| height | Number | 图像高度 |

示例代码如下，展示效果如图8-41所示。

```
const ctx = my.createCanvasContext('awesomeCanvas');
ctx.drawImage('/images/logo.png', 10, 10, 125, 40);
ctx.draw();
```

图8-41　绘制图像

- **setGlobalAlpha**

设置全局画笔透明度，其接口参数说明如表8-62所示。

表8-62　setGlobalAlpha接口参数说明

| 参数 | 类型 | 范围 | 描述 |
|---|---|---|---|
| alpha | Number | 0~1 | 透明度，0表示完全透明，1表示不透明 |

示例代码如下，展示效果如图8-42所示。

```
const ctx = my.createCanvasContext('awesomeCanvas');
ctx.setFillStyle('red');
ctx.fillRect(10, 10, 30, 30);
ctx.setGlobalAlpha(0.2);
ctx.setFillStyle('blue');
ctx.fillRect(10, 50, 30, 30);
ctx.setFillStyle('green');
```

```
ctx.fillRect(50, 10, 30, 30);
ctx.setTextBaseline("top");
ctx.fillText('Hello', 50, 50);
ctx.draw();
```

图8-42　设置画笔透明度

- save/ restore

保存/恢复绘图上下文。保存之后对绘图环境的设置不影响恢复后的绘制。示例代码如下，展示效果如图8-43所示。

```
const ctx = my.createCanvasContext('awesomeCanvas');
ctx.setFillStyle('green');
ctx.save();
ctx.setFillStyle('red');
ctx.fillRect(10, 10, 30, 30);
ctx.restore();
ctx.fillRect(10, 50, 30, 30);
ctx.draw();
```

图8-43　保存/恢复设置

- clip

将当前创建的路径设置为剪切路径，即超出当前路径的部分将被剪切掉，示例代码如下，展示效果如图8-44所示。

```
const ctx = my.createCanvasContext('awesomeCanvas');
ctx.beginPath()
ctx.setFillStyle('red');
ctx.rect(20,20,50,50);ctx.fill();
ctx.setFillStyle('green');
ctx.fillRect(10,10,50,50);
ctx.beginPath()
ctx.setFillStyle('red');
ctx.rect(80,20,50,50);ctx.fill();
ctx.clip();
ctx.setFillStyle('blue');
ctx.fillRect(70,10,50,50);ctx.draw()
```

图8-44 剪切区域

- draw

将之前在绘图上下文中的描述（路径、变形、样式）画到canvas中。绘图上下文需要由 my.createCanvasContext(canvasId) 来创建，其接口参数说明如表8-63所示。

表8-63 draw接口参数说明

| 参数 | 类型 | 说明 |
| --- | --- | --- |
| reserve | Boolean | 本次绘制是否接着上一次绘制，非必填，默认 false。本次绘制是否接着上一次绘制，即本次调用 draw 绘制之前，native 层应先清空画布再继续绘制；若为true，则保留当前画布上的内容，本次绘制的内容覆盖在上面 |

示例代码如下，展示效果如图8-45所示。

```
const ctx = my.createCanvasContext('awesomeCanvas');
ctx.setFontSize(24);
ctx.fillText("Morning", 10, 30);
ctx.draw();
ctx.fillText("Afternoon", 10, 30);
```

```
ctx.draw();
ctx.setFillStyle('red');
ctx.fillText("Alipay", 10, 50);
ctx.draw(true);
```

图8-45 绘制

## 8.1.10 地图

支付宝小程序在map地图组件的基础上,提供了丰富的API来配合使用。

- **my.createMapContext(mapId)**

创建并返回一个map上下文对象mapContext。该上下文对象通过<map/>组件的id属性绑定,通过它来操作<map/>组件。

mapContext对象的方法说明如表8-64所示。

表8-64 mapContext对象的方法说明

| 方法 | 参数 | 说明 |
| --- | --- | --- |
| getCenterLocation | OBJECT | 获取当前地图中心的经纬度,返回gcj02坐标系的值,可以用于my.openLocation |
| moveToLocation | 无 | 将地图中心移动到当前定位点,需要配合map组件的show-location使用 |

getCenterLocation的接口参数说明如表8-65所示。

表8-65 getCenterLocation接口参数说明

| 参数 | 类型 | 范围 | 描述 |
| --- | --- | --- | --- |
| success | Function | 否 | 调用成功的回调函数,res = { longitude: "经度", latitude: "纬度"} |
| fail | Function | 否 | 调用失败的回调函数 |
| complete | Function | 否 | 调用结束的回调函数(调用成功、失败都会执行) |

示例代码如下,展示效果如图8-46所示。

```
<map id="userMap" show-location style="width:100%;" />
```

```
<button type="primary" size="mini" onTap="getCenterLocation">获取位置</button>
<button type="primary" size="mini" onTap="moveToLocation">移动位置</button>
```

```
Page({
  onReady (e) {
    // 使用 my.createMapContext 获取 map 上下文
    this.mapCtx = my.createMapContext('userMap')
  },
  getCenterLocation () {
    this.mapCtx.getCenterLocation({ success(res){
        console.log(res.longitude);console.log(res.latitude)
    }})
  },
  moveToLocation () {this.mapCtx.moveToLocation()}
})
```

图8-46　地图

## 8.1.11 键盘

移动端触发输入组件时，一般都会默认弹出虚拟键盘。当然，小程序也提供了控制的方法。

- **my.hideKeyboard**

隐藏键盘的示例代码如下。

```
my.hideKeyboard();
```

### 8.1.12 滚动

与网页应用一样,要实现回到顶部的功能,就必须能控制页面的滚动。

- **my.pageScrollTo**

滚动到页面的目标位置,其接口参数说明如表8-66所示。

表8-66　pageScrollTo接口参数说明

| 参数 | 类型 | 说明 |
| --- | --- | --- |
| scrollTop | Number | 滚动到页面的目标位置,单位为px |

示例代码如下。

```
my.pageScrollTo({ scrollTop: 100 })
```

### 8.1.13 节点查询

小程序的最新版本增加了对节点的查询。

- **my.createSelectorQuery**

获取一个节点查询对象SelectorQuery,其接口参数说明如表8-67所示。

表8-67　createSelectorQuery接口参数说明

| 参数 | 类型 | 说明 |
| --- | --- | --- |
| params | object | 可以指定Page属性,默认为当前页面 |

SelectorQuery节点查询对象类,包含以下方法,如表8-68所示。

表8-68　SelectorQuery对象的方法说明

| 方法 | 说明 |
| --- | --- |
| select(selector) | 选择当前第一个匹配选择器的节点,选择器支持id选择器及class选择器 |
| selectAll(selector) | 选择所有匹配选择器的节点,选择器支持id选择器及class选择器 |
| selectViewport() | 选择窗口对象 |
| boundingClientRect() | 返回当前选择节点的位置信息,类似dom的getBoundingClientRect,对象包含width/height/left/top/bottom/right。如果当前节点为窗口对象,则只返回width/height |
| scrollOffset() | 返回当前选择节点的滚动信息,对象包含scrollTop/scrollLeft |
| exec(callback) | 将查询结果放入callback回调中。查询结果为数组,每项为一次查询的结果,如果当前是节点列表,则单次查询结果也为数组。注意,exec必须放到Page onReady后调用 |

示例代码如下。

```
<view className="all">节点 all1</view>
<view className="all">节点 all2</view>
<view id="one">节点 one</view>
<view id="scroll" style="height:200px;overflow: auto">
  <view style="height:400px">独立滚动区域</view>
</view>
```

```
Page({
  onReady() {
    my.createSelectorQuery()
      .select('#non-exists').boundingClientRect()
      .select('#one').boundingClientRect()
      .selectAll('.all').boundingClientRect()
      .select('#scroll').scrollOffset()
      .selectViewport().boundingClientRect()
      .selectViewport().scrollOffset().exec((ret) => {
        console.log(JSON.stringify(ret, null, 2));
      });
  },
});
```

返回的结果如下。

```
[
  null,
  { "x": 1, "y": 2, "width": 1367, "height": 18, "top": 2,"right": 1368, "bottom": 20, "left": 1},
  [
    {"x": 1,"y": -34,"width": 1367,"height": 18,"top": -34,"right": 1368,"bottom": -16,"left": 1},
    {"x": 1, "y": -16,"width": 1367,"height": 18,"top": -16,"right": 1368,"bottom": 2,"left": 1}
  ],
  {"scrollTop": 0,"scrollLeft": 0},
```

```
{"width": 1384,"height": 360},
{"scrollTop": 35,"scrollLeft": 0}
]
```

## 8.2 网络

小程序需要事先设置一个服务器域名，然后与指定的域名进行网络通信。包括普通HTTPS请求（request）、上传文件（uploadFile）、下载文件（downloadFile）和WebSocket通信（connectSocket）。

### 8.2.1 发起请求

互联网应用往往都是将用户数据和业务逻辑存放在后台数据库和服务器上，前端程序负责界面展示。当需要数据信息时，通过网络发起请求来获取。传统的网页一般使用AJAX来发送请求，小程序封装了类似的API方法。

- **my.httpRequest**

向指定服务器发起一个跨域 HTTP 请求，接口参数说明如表8-69所示。

表8-69　httpRequest接口参数说明

| 参数 | 类型 | 必填 | 描述 |
| --- | --- | --- | --- |
| url | String | 是 | 目标服务器url |
| headers | Object | 否 | 设置请求的 HTTP 头，默认 {'Content-Type': 'application/x-www-form-urlencoded'} |
| method | String | 否 | 默认为GET，目前支持GET、POST |
| data | String | 否 | 请求参数 |
| timeout | Number | 否 | 超时时间，单位为ms，默认为30000 |
| dataType | String | 否 | 期望返回的数据格式，默认为json，支持json、text、base64 |
| success | Function | 否 | 调用成功的回调函数 |
| fail | Function | 否 | 调用失败的回调函数 |
| complete | Function | 否 | 调用结束的回调函数（调用成功、失败都会执行） |

success返回值说明如表8-70所示。

表8-70　httpRequest的success返回值说明

| 名称 | 类型 | 描述 |
| --- | --- | --- |
| data | String | 响应数据，格式取决于请求时的 dataType 参数 |
| status | Number | 响应码 |
| headers | Object | 响应头 |

错误码说明如表8-71所示。

表8-71　httpRequest的错误码说明

| Error | 描述 |
|---|---|
| 11 | 无权跨域 |
| 12 | 网络出错 |
| 13 | 超时 |
| 14 | 解码失败 |
| 19 | HTTP错误 |

示例代码如下。

```
my.httpRequest({
  url: 'http://httpbin.org/post',
  method: 'POST',
  data: {
    from: '支付宝',
    production: 'AlipayJSAPI',
  },
  dataType: 'json',
  success: function(res) {
    my.alert({content: 'success'});
  },
  fail: function(res) {
    my.alert({content: 'fail'});
  },
  complete: function(res) {
    my.hideLoading();
    my.alert({content: 'complete'});
  }
});
```

注意，如果httpRequest调用时返回"无权调用该接口"，则需要在开放平台的httpRequest中添加需要访问的域名地址。

## 8.2.2 上传文件

上传文件也是互联网应用程序的常见功能之一。

- **my.uploadFile**

上传本地资源到开发者服务器，接口参数说明如表8-72所示。

表8-72　uploadFile接口参数说明

| 参数 | 类型 | 必填 | 描述 |
|---|---|---|---|
| url | String | 是 | 开发者服务器地址 |
| filePath | String | 是 | 要上传文件资源的本地定位符 |
| fileName | String | 是 | 文件名，即对应的 key，开发者在服务器端通过这个 key 可以获取到文件二进制内容 |
| fileType | String | 是 | 文件类型，image / video / audio |
| header | Object | 否 | HTTP 请求 Header |
| formData | Object | 否 | HTTP 请求中其他额外的 form 数据 |
| success | Function | 否 | 调用成功的回调函数 |
| fail | Function | 否 | 调用失败的回调函数 |
| complete | Function | 否 | 调用结束的回调函数（调用成功、失败都会执行）|

success返回值说明如表8-73所示。

表8-73　uploadFile的success返回值说明

| 名称 | 类型 | 描述 |
|---|---|---|
| data | String | 服务器返回的数据 |
| statusCode | String | HTTP 状态码 |
| header | Object | 服务器返回的 header |

错误码说明如表8-74所示。

表8-74　uploadFile的错误码说明

| Error | 描述 |
|---|---|
| 11 | 文件不存在 |
| 12 | 上传文件失败 |
| 13 | 没有权限 |

示例代码如下。

```
my.uploadFile({
  url: '请使用自己服务器地址',
  fileType: 'image',
  fileName: 'file',
  filePath: '...',
  success: (res) => {
    my.alert({content: '上传成功'});
  },
});
```

## 8.2.3 下载文件

下载文件的API相对比较简单。

- **my.downloadFile**

下载文件资源到本地,接口参数说明如表8-75所示。

表8-75 downloadFile接口参数说明

| 参数 | 类型 | 必填 | 描述 |
|---|---|---|---|
| url | String | 是 | 下载文件地址 |
| header | Object | 否 | HTTP 请求 Header |
| success | Function | 否 | 调用成功的回调函数 |
| fail | Function | 否 | 调用失败的回调函数 |
| complete | Function | 否 | 调用结束的回调函数(调用成功、失败都会执行) |

success返回值说明如表8-76所示。

表8-76 downloadFile的success返回值说明

| 名称 | 类型 | 描述 |
|---|---|---|
| apFilePath | String | 文件临时存放的位置 |

错误码说明如表8-77所示。

表8-77 downloadFile的错误码说明

| Error | 描述 |
|---|---|
| 12 | 下载失败 |
| 13 | 没有权限 |

示例代码如下。

```
my.downloadFile({
  url: 'http://img.alicdn.com/tfs/TB1x669SXXXXXbdaFXXXXXXXXXX-520-280.jpg',
  success({ apFilePath }) {
    my.previewImage({urls: [apFilePath],});
  },
  fail(res) {
    abridge.alert({content: res.errorMessage || res.error,});
  },
});
```

## 8.2.4 WebSocket

WebSocket是一种网络通信协议,不同于传统的HTTP协议,它实现了客户端和服务端之间的持久和双向通信。2011年成为国际标准，目前所有浏览器都支持，小程序也对它进行了封装。

- **my.connectSocket**

创建一个WebSocket的连接。支付宝小程序只能保留一个WebSocket连接，如果创建时已存在，则自动关闭当前连接并重新创建新的连接，接口参数说明如表8-78所示。

表8-78　connectSocket接口参数说明

| 参数 | 类型 | 必填 | 描述 |
| --- | --- | --- | --- |
| url | String | 是 | 目标服务器url |
| data | Object | 否 | 请求的参数 |
| headers | Object | 否 | 设置请求的头部 |
| success | Function | 否 | 调用成功的回调函数 |
| fail | Function | 否 | 调用失败的回调函数 |
| complete | Function | 否 | 调用结束的回调函数（调用成功、失败都会执行）|

错误码说明如表8-79所示。

表8-79　connectSocket的错误码说明

| Error | 描述 |
| --- | --- |
| 1 | 未知错误 |
| 2 | 网络连接已经存在 |
| 3 | URL参数为空 |
| 4 | 无法识别的URL格式 |
| 5 | URL必须以ws或wss开头 |
| 6 | 连接服务器超时 |
| 7 | 服务器返回的https证书无效 |
| 8 | 服务端返回协议头无效 |
| 9 | WebSocket请求，没有指定的Sec-WebSocket-Protocol请求头 |
| 10 | 网络连接没有打开，无法发送消息 |
| 11 | 消息发送失败 |
| 12 | 无法申请更多内存来读取网络数据 |

示例代码如下。

```
my.connectSocket({
  url: 'test.php',
  data: {},
  header:{'content-type': 'application/json'},
  method:"GET",
});
```

- **my.onSocketOpen**

监听WebSocket连接打开事件，示例代码如下。

```
my.connectSocket({
  url: 'test.php',
});
my.onSocketOpen(function(res) {
  console.log('WebSocket 连接已打开！');
});
```

- **my.onSocketError**

监听WebSocket错误，示例代码如下。

```
my.connectSocket({
  url: '开发者的服务器地址'
});
my.onSocketOpen(function(res){
  console.log('WebSocket 连接已打开！');
});
my.onSocketError(function(res){
  console.log('WebSocket 连接打开失败，请检查！');
});
```

- **my.sendSocketMessage**

通过WebSocket连接发送数据之前，需要先使用my.connectSocket发起连接，并在my.onSocketOpen回调之后再发送数据，其接口参数说明如表8-80所示。

表8-80 sendSocketMessage接口参数说明

| 参数 | 类型 | 必填 | 描述 |
| --- | --- | --- | --- |
| data | String/ArrayBuffer | 是 | 需要发送的内容 |
| success | Function | 否 | 回调函数 |
| fail | Function | 否 | 调用失败的回调函数 |
| complete | Function | 否 | 调用结束的回调函数（调用成功、失败都会执行） |

示例代码如下。

```
my.sendSocketMessage({
  data: this.data.toSendMessage, // 需要发送的内容
  success: (res) => {
    my.alert({content: '数据发送！' + this.data.toSendMessage});
  },
```

```
});
```

- **my.onSocketMessage**

监听WebSocket接受到服务器的消息事件,回调返回值说明如表8-81所示。

表8-81　onSocketMessage回调返回值说明

| 名称 | 类型 | 描述 |
| --- | --- | --- |
| data | String/ArrayBuffer | 服务器返回的消息 |

示例代码如下。

```
my.connectSocket({
   url: '服务器地址'
})

my.onSocketMessage(function(res) {
   console.log('收到服务器内容: ' + res.data)
});
```

- **my.closeSocket**

关闭WebSocket连接,其接口参数说明如表8-82所示。

表8-82　closeSocket接口参数说明

| 参数 | 类型 | 必填 | 描述 |
| --- | --- | --- | --- |
| success | Function | 否 | 回调函数 |
| fail | Function | 否 | 调用失败的回调函数 |
| complete | Function | 否 | 调用结束的回调函数(调用成功、失败都会执行) |

示例代码如下。

```
my.onSocketOpen(function() {
   my.closeSocket()
})

my.onSocketClose(function(res) {
   console.log('WebSocket 已关闭!')
})
```

- **my.onSocketClose**

监听WebSocket关闭,示例代码如下。

```
onLoad() { // 注意: 如下方法在整个小程序启动阶段只要注册一次即可
    my.onSocketClose((res) => {
```

```
      my.alert({content: '连接已关闭! '});
      this.setData({
        sendMessageAbility: false,
        closeLinkAbility: false,
      });
    });

    my.onSocketOpen((res) => {
      my.alert({content: '连接已打开! '});
      this.setData({
        sendMessageAbility: true,
        closeLinkAbility: true,
      });
    });

    my.onSocketError(function(res){
      my.alert('WebSocket 连接打开失败,请检查! ' + res);
    });

    my.onSocketMessage((res) => {
      my.alert({content: '收到数据! ' + JSON.stringify(res)});
    });
  }

connect_start() {
    my.connectSocket({
      url: '服务器地址',
//开发者服务器接口地址,必须是 wss协议,且域名必须是后台配置的合法域名
      success: (res) => {
        my.showToast({
          content: 'success', // 文字内容
        });
      },
```

```
        fail:()=>{
          my.showToast({
            content: 'fail', // 文字内容
          });
        }
      });
    },
```

注意,所有以on开头的监听事件函数,最好放到Page页面的onLoad()函数中执行,否则容易造成多次监听同一个重复事件的情况。

CHAPTER

# 第9章
# 其他API接口

小程序的接口非常丰富,除了常用的界面和网络外,还将许多功能都做了封装。主要包括设备信息、媒体、位置、缓存数据、扫码、分享,以及蓝牙的相关接口等。这些底层接口的提供,使小程序可以超越传统网页,实现更多、更强大的功能。

---

**重点导读**

- 设备
- 位置
- 缓存数据
- 数据安全
- 蓝牙

## 9.1 设备

设备接口涵盖的内容较多,主要包括系统信息、网络状态、剪切板、摇一摇、震动、拨打电话、获取服务器时间、截屏事件和屏幕亮度等。

### 9.1.1 获取系统信息

主要用于获取当前移动设备及操作系统的基本信息。

- my.getSystemInfo

获取系统信息,接口参数说明如表9-1所示。

表9-1 getSystemInfo接口参数说明

| 参数 | 类型 | 必填 | 描述 |
| --- | --- | --- | --- |
| success | Function | 否 | 调用成功的回调函数 |
| fail | Function | 否 | 调用失败的回调函数 |
| complete | Function | 否 | 调用结束的回调函数(调用成功、失败都会执行) |

success返回值说明如表9-2所示。

表9-2 getSystemInfo的success返回值说明

| 名称 | 类型 | 描述 |
| --- | --- | --- |
| model | String | 手机型号 |
| pixelRatio | Number | 设备像素比 |
| windowWidth | Number | 窗口宽度 |
| windowHeight | Number | 窗口高度 |
| language | String | 支付宝设置的语言 |
| version | String | 支付宝版本号 |
| storage | String | 设备磁盘容量 |
| currentBattery | String | 当前电量百分比 |
| system | String | 系统版本 |
| platform | String | 系统名:Android、iOS |
| screenWidth | Number | 屏幕宽度 |
| screenHeight | Number | 屏幕高度 |

- my.getSystemInfoSync

返回值同 getSystemInfo success 回调参数,示例代码如下,效果如图9-1所示。

```
// 9-11.js
Page({
```

```
  data: {systemInfo:{},},
  getSystemInfo() {
    my.getSystemInfo({
      success: (res) => {this.setData({systemInfo: res})}
    })
  },
  getSystemInfoSync() {
    this.setData({ systemInfo: my.getSystemInfoSync() })
  }
});
```

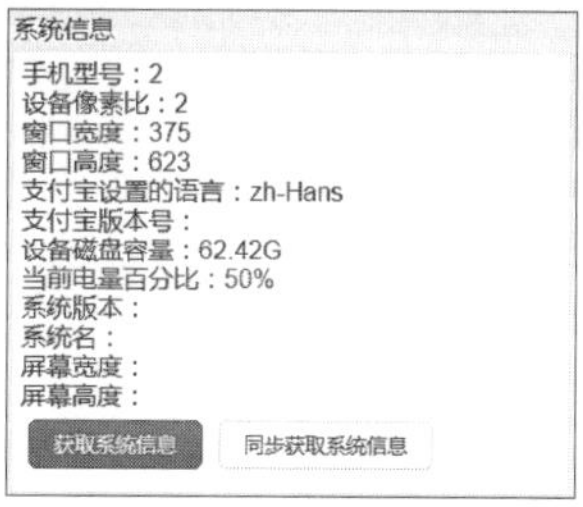

图9-1　系统信息

## 9.1.2 获取当前网络状态

用于检测当前设备网络的状态和类型。

- **my.getNetworkType**

获取当前网络状态，接口参数说明如表9-3所示。

表9-3　getNetworkType接口参数说明

| 参数 | 类型 | 必填 | 描述 |
| --- | --- | --- | --- |
| success | Function | 否 | 调用成功的回调函数 |
| fail | Function | 否 | 调用失败的回调函数 |
| complete | Function | 否 | 调用结束的回调函数（调用成功、失败都会执行） |

success返回值说明如表9-4所示。

表9-4　getNetworkType的success返回值说明

| 名称 | 类型 | 描述 |
| --- | --- | --- |
| networkAvailable | Boolean | 网络是否可用 |
| networkType | String | 网络类型值，包括 UNKNOWN / NOTREACHABLE / WIFI / 3G / 2G / 4G / WWAN |

示例代码如下，效果如图9-2所示。

```js
// 9-12.js
Page({
  data: {hasNetworkType: false},
  getNetworkType() {
    my.getNetworkType({
      success: (res) => {
        this.setData({
          hasNetworkType: true,
          networkType: res.networkType
        })
      }
    })
  },
  clear() {
    this.setData({
      hasNetworkType: false,
      networkType: ''
    })
  },
});
```

图9-2　网络状态

## 9.1.3 获取服务器时间

用于获取当前服务器时间的毫秒数。

- **my.getServerTime(OBEJCT)**

获取当前服务器时间的毫秒数,接口参数说明如表9-5所示。

表9-5 getServerTime接口参数说明

| 参数 | 类型 | 必填 | 描述 |
|---|---|---|---|
| success | Function | 否 | 调用成功的回调函数 |
| fail | Function | 否 | 调用失败的回调函数 |
| complete | Function | 否 | 调用结束的回调函数(调用成功、失败都会执行) |

success返回值说明如表9-6所示。

表9-6 getServerTime的success返回值说明

| 名称 | 类型 | 描述 |
|---|---|---|
| time | Number | 服务器时间的毫秒数 |

示例代码如下,效果如图9-3所示。

```
// 9-13.js
Page({
  getServerTime(){
    my.getServerTime({
      success: (res) => {
        my.alert({title: String(res.time) });
      },
    });
  }
});
```

图9-3 服务器时间

## 9.1.4 剪贴板

用于获取和设置剪贴板，包括文本和截屏等数据。

- **my.getClipboard**

获取剪贴板数据，接口参数说明如表9-7所示。

表9-7 getClipboard接口参数说明

| 参数 | 类型 | 必填 | 描述 |
| --- | --- | --- | --- |
| success | Function | 否 | 调用成功的回调函数 |
| fail | Function | 否 | 调用失败的回调函数 |
| complete | Function | 否 | 调用结束的回调函数（调用成功、失败都会执行） |

success返回值说明如表9-8所示。

表9-8 getClipboard的success返回值说明

| 名称 | 类型 | 描述 |
| --- | --- | --- |
| text | String | 剪贴板数据 |

- **my.setClipboard**

设置剪贴板数据，接口参数说明如表9-9所示。

表9-9 setClipboard接口参数说明

| 参数 | 类型 | 必填 | 描述 |
| --- | --- | --- | --- |
| text | String | 是 | 剪贴板数据 |
| success | Function | 否 | 调用成功的回调函数 |
| fail | Function | 否 | 调用失败的回调函数 |
| complete | Function | 否 | 调用结束的回调函数（调用成功、失败都会执行） |

示例代码如下，默认粘贴date中的text，设置后的剪贴数据会覆盖data，效果如图9-4所示。

```
// 9-14.js
Page({
  data: {
    text: '3.1415926',
    copy: '',
  },
  handleCopy() {
    my.setClipboard({text: '11111',});
  },
  handlePaste() {
    my.getClipboard({
      success: ({ text }) => {
```

```
            console.log(text)
            this.setData({ copy: text });
        },
    });
  },
});
```

图9-4 剪贴板

## 9.1.5 摇一摇

用于监听设备摇一摇事件。

- **my.watchShake(OBJECT)**

监听摇一摇功能。每次在摇一摇手机后触发,如需再次监听需要再次调用这个API。

示例代码如下,效果如图9-5所示。

```
<!-- 9-15.axml -->
<text class="title">摇一摇</text>
<view class="box">
  <button type="primary" size="mini" onTap="watchShake">先绑定摇一摇</button>
  <view>再使用 Shake 看效果</view>
</view>
```

```
// 9-15.js
Page({
  watchShake() {
    my.watchShake({
      success: function() {my.alert({ title:'动起来了 o.o'});}
    });
  },
```

```
});
```

图9-5 摇一摇

## 9.1.6 震动

用于调用设备自身的震动功能。

- my.vibrate(OBJECT)

调用震动功能，示例代码如下。

```
<!-- 9-16.axml -->
<text class="title">震动</text>
<view class="box">
  <button type="primary" onTap="vibrate">点击震动手机</button>
</view>
```

```
// 9-16.js
Page({
  vibrate() {
    my.vibrate({
      success: () => {my.alert({ title: '震动起来了'});}
    });
  },
});
```

## 9.1.7 打电话

用于调用手机设备自身的拨打电话的功能。

- my.makePhoneCall(OBJECT)

拨打电话，接口参数说明如表9-10所示。

表9-10 makePhoneCall接口参数说明

| 参数 | 类型 | 必填 | 描述 |
|---|---|---|---|
| number | String | 是 | 电话号码 |
| success | Function | 否 | 调用成功的回调函数 |
| fail | Function | 否 | 调用失败的回调函数 |
| complete | Function | 否 | 调用结束的回调函数（调用成功、失败都会执行） |

示例代码如下，效果如图9-6所示。

```
<!-- 9-17.axml -->
<text class="title">打电话</text>
<view class="box">
  <button type="primary" onTap="makePhoneCall">打电话：{{number}}</button>
</view>
```

```
// 9-17.js
Page({
  data: {number:'95588'},
  makePhoneCall() {
    my.makePhoneCall(this.data );
  },
});
```

图9-6 打电话

## 9.1.8 用户截屏事件

用于设置对用户截屏事件的监听。

- my.onUserCaptureScreen(CALLBACK)

用于监听用户发起的主动截屏事件，可以接收系统及第三方截屏工具的截屏事件通知。

- my.offUserCaptureScreen()

取消监听截屏事件，一般需要与my.onUserCaptureScreen成对出现。

示例代码如下。

```
<!-- 9-17.axml -->
<text class="title">截屏事件</text>
<view class="box">
  onUserCaptureScreen 截屏监听事件需要放在 onLoad 中使用，否则会重复调用
  <button type="primary" onTap="offUserCaptureScreen">取消截屏监听事件</button>
</view>
```

```
// 9-18.js
Page({
  onLoad() {
    my.onUserCaptureScreen(function() {
      my.alert({ content: '收到用户截屏事件'});
    });
  },
  offUserCaptureScreen(){
    my.offUserCaptureScreen();
  }
});
```

### 9.1.9 屏幕亮度

在打开小程序时，设置屏幕是否常亮。

- my.setKeepScreenOn (OBJECT)

设置是否保持屏幕长亮状态。仅在当前小程序生效，离开小程序后失效，接口参数说明如表9-11所示。

表9-11 setKeepScreenOn接口参数说明

| 参数 | 类型 | 必填 | 描述 |
|---|---|---|---|
| keepScreenOn | Boolean | 是 | 是否保持屏幕长亮状态 |
| success | Function | 否 | 调用成功的回调函数 |
| fail | Function | 否 | 调用失败的回调函数 |
| complete | Function | 否 | 调用结束的回调函数（调用成功、失败都会执行） |

示例代码如下。

```
// 9-19.js
Page({
  setKeepScreenOn(){
    my.setKeepScreenOn({
      keepScreenOn: true,
      success: (res) => {},
      fail: (res) => {},
    })
  }
});
```

## 9.2 媒体

用于调用相机或手机相册、预览图片，以及保存图片到本地相册等于图片相关的功能。

- **my.chooseImage**

拍照或从手机相册中选择图片，接口参数说明如表9-12所示。

表9-12 chooseImage接口参数说明

| 参数 | 类型 | 必填 | 描述 |
|---|---|---|---|
| count | Number | 否 | 最大可选照片数，默认为1张 |
| sourceType | String Array | 否 | 相册选取或拍照，默认为 ['camera','album'] |
| success | Function | 否 | 调用成功的回调函数 |
| fail | Function | 否 | 调用失败的回调函数 |
| complete | Function | 否 | 调用结束的回调函数（调用成功、失败都会执行） |

success返回值说明如表9-13所示。

表9-13 chooseImage的success返回值说明

| 名称 | 类型 | 描述 |
|---|---|---|
| apFilePaths | String Array | 图片文件描述 |

错误码说明如表9-14所示。

表9-14 chooseImage的错误码说明

| Error | 描述 |
|---|---|
| 10 | 用户取消操作 |
| 11 | 操作失败（权限不够） |

- my.previewImage

预览图片，接口参数说明如表9-15所示。

表9-15 previewImage接口参数说明

| 参数 | 类型 | 必填 | 描述 |
|---|---|---|---|
| urls | Array | 是 | 要预览的图片链接列表 |
| current | Number | 否 | 当前显示图片索引，默认为0 |
| success | Function | 否 | 调用成功的回调函数 |
| fail | Function | 否 | 调用失败的回调函数 |
| complete | Function | 否 | 调用结束的回调函数（调用成功、失败都会执行） |

- my.saveImage

保存在线图片到手机相册，接口参数说明如表9-16所示。

表9-16 saveImage接口参数说明

| 参数 | 类型 | 必填 | 描述 |
|---|---|---|---|
| url | String | 是 | 要保存的图片链接 |
| showActionSheet | Boolean | 否 | 是否显示图片操作菜单，默认为true |
| success | Function | 否 | 调用成功的回调函数 |
| fail | Function | 否 | 调用失败的回调函数 |
| complete | Function | 否 | 调用结束的回调函数（调用成功、失败都会执行） |

错误码如表9-17所示。

表9-17 saveImage的错误码说明

| Error | 描述 |
|---|---|
| 2 | 参数无效，没有传URL参数 |
| 15 | 没有开启相册权限(iOS only) |
| 16 | 手机相册存储空间不足(iOS only) |
| 17 | 保存图片过程中的其他错误 |

示例代码如下。

```
// 9-2.js
Page({
  chooseImage(){
    my.chooseImage({
      count: 2,
      success: (res) => {
```

```
      img.src = res.apFilePaths[0];
    },
  });
},
previewImage(){
  my.previewImage({
    current: 2,
    urls: [
      'https://img.alicdn.com/tps/TB1sXGYIFXXXXc5XpXXXXXXXXXX.jpg',
      'https://img.alicdn.com/tps/TB1pfG4IFXXXXc6XXXXXXXXXXXX.jpg',
      'https://img.alicdn.com/tps/TB1h9xxIFXXXXbKXXXXXXXXXXXX.jpg'
    ],
  });
},
saveImage(){
  my.saveImage({url:'https://img.alicdn.com/tps/TB1sXGYIFXXXXc5XpXXXXXXXXXX.jpg'});
},
});
```

## 9.3 位置

获取实际地理位置，并使用内置地图展示位置。

- **my.getLocation(OBJECT)**

获取用户当前的地理位置信息，接口参数说明如表9-18所示。

表9-18　getLocation接口参数说明

| 参数 | 类型 | 必填 | 描述 |
| --- | --- | --- | --- |
| cacheTimeout | Number | 否 | 支付宝客户端经纬度定位缓存过期时间，单位为s，默认为30s。使用缓存会加快定位速度，缓存过期会重新定位 |
| type | Number | 否 | 0，默认，获取经纬度；1，获取经纬度和详细到区县级别的逆地理编码数据；2，获取经纬度和详细到街道级别的逆地理编码数据，不推荐；3，获取经纬度和详细到POI级别的逆地理编码数据，不推荐 |
| success | Function | 否 | 调用成功的回调函数 |
| fail | Function | 否 | 调用失败的回调函数 |
| complete | Function | 否 | 调用结束的回调函数（调用成功、失败都会执行） |

success返回值说明如表9-19所示。

表9-19 getLocation的success返回值说明

| 名称 | 类型 | 描述 |
|---|---|---|
| longitude | String | 经度 |
| latitude | String | 纬度 |
| accuracy | String | 精确度，单位为m |
| horizontalAccuracy | String | 水平精确度，单位为m |
| country | String | 国家(type>0生效) |
| countryCode | String | 国家编号 (type>0生效) |
| province | String | 省份(type>0生效) |
| city | String | 城市(type>0生效) |
| cityAdcode | String | 城市级别的地区代码(type>0生效) |
| district | String | 区县(type>0生效) |
| districtAdcode | String | 区县级别的地区代码(type>0生效) |
| streetNumber | Object | 需要街道级别逆地理时才会有的字段，如街道门牌信息的结构为：{street, number} (type>1生效) |

错误码说明如表9-20所示。

表9-20 getLocation的错误码说明

| Error | 描述 |
|---|---|
| 12 | GPS打开，但定位失败 |
| 13 | 获取地理位置信息失败 |
| 14 | 定位超时 |
| 15 | 网络错误 |
| 16 | GPS未打开或用户未授权 |

- my.openLocation

使用支付宝内置地图查看位置，接口参数说明如表9-21所示。

表9-21 openLocation接口参数说明

| 参数 | 类型 | 必填 | 描述 |
|---|---|---|---|
| longitude | String | 是 | 经度 |
| latitude | String | 是 | 纬度 |
| name | String | 是 | 位置名称 |
| address | String | 是 | 地址的详细说明 |
| scale | Number | 否 | 缩放比例，范围为3~19，默认为15 |
| success | Function | 否 | 调用成功的回调函数 |
| fail | Function | 否 | 调用失败的回调函数 |
| complete | Function | 否 | 调用结束的回调函数（调用成功、失败都会执行） |

示例代码如下。

```
// 9-3.js
Page({
  data:{hasLocation:false,location:null},
```

```
getLocation() {
  var that=this;
  my.showLoading();
  my.getLocation({
    success(res) {
      my.hideLoading();
      that.setData({hasLocation: true,location: res})
    },
    fail() {
      my.hideLoading();
      my.alert({ title: '定位失败' });
    },
  });
},
openLocation(){
  my.openLocation({
    longitude: '121.549697',
    latitude: '31.227250',
    name: '支付宝',
    address: '杨高路地铁站',
  });
}
});
```

## 9.4 缓存数据

开启本地缓存数据,进行设置、获取和删除等控制。

- **my.setStorage**

将数据存储在本地缓存指定的 key 中,会覆盖原来该 key 对应的数据,其接口参数说明如表 9-22所示。

表9-22　setStorage接口参数说明

| 参数 | 类型 | 必填 | 描述 |
|---|---|---|---|
| key | String | 是 | 缓存数据的key |
| data | Object/String | 是 | 要缓存的数据 |
| success | Function | 否 | 调用成功的回调函数 |
| fail | Function | 否 | 调用失败的回调函数 |
| complete | Function | 否 | 调用结束的回调函数（调用成功、失败都会执行）|

注意，单条数据转换为字符串后，字符串长度最大为200KB×1024KB。且同一个支付宝用户，同一个小程序缓存总上限为10MB。

- **my.setStorageSync**

同步将数据存储在本地缓存指定的key中，其接口参数说明如表9-23所示。

表9-23　setStorageSync接口参数说明

| 参数 | 类型 | 必填 | 描述 |
|---|---|---|---|
| key | String | 是 | 缓存数据的key |
| data | Object/String | 是 | 要缓存的数据 |

- **my.getStorage**

获取缓存数据，接口参数说明如表9-24所示。

表9-24　getStorage接口参数说明

| 参数 | 类型 | 必填 | 描述 |
|---|---|---|---|
| key | String | 是 | 缓存数据的key |
| success | Function | 否 | 调用成功的回调函数 |
| fail | Function | 否 | 调用失败的回调函数 |
| complete | Function | 否 | 调用结束的回调函数（调用成功、失败都会执行）|

success返回值说明如表9-25所示。

表9-25　getStorage的success返回值说明

| 名称 | 类型 | 描述 |
|---|---|---|
| data | Object/String | key对应的内容 |

- **my.getStorageSync**

同步获取缓存数据，接口参数说明如表9-26所示。

表9-26　getStorageSync接口参数说明

| 参数 | 类型 | 必填 | 描述 |
|---|---|---|---|
| key | String | 是 | 缓存数据的key |

- **my.removeStorage**

删除缓存数据，接口参数说明如表9-27所示。

表9-27 removeStorage接口参数说明

| 参数 | 类型 | 必填 | 描述 |
|---|---|---|---|
| key | String | 是 | 缓存数据的key |
| success | Function | 否 | 调用成功的回调函数 |
| fail | Function | 否 | 调用失败的回调函数 |
| complete | Function | 否 | 调用结束的回调函数（调用成功、失败都会执行） |

- **my.removeStorageSync**

同步删除缓存数据，接口参数说明如表9-28所示。

表9-28 removeStorageSync接口参数说明

| 参数 | 类型 | 必填 | 描述 |
|---|---|---|---|
| key | String | 是 | 缓存数据的key |

- **my.clearStorage**

清除本地数据缓存。

- **my.clearStorageSync**

同步清除本地数据缓存。

- **my.getStorageInfo**

异步获取当前storage的相关信息，接口参数说明如表9-29所示。

表9-29 getStorageInfo接口参数说明

| 参数 | 类型 | 必填 | 描述 |
|---|---|---|---|
| success | Function | 否 | 调用成功的回调函数 |
| fail | Function | 否 | 调用失败的回调函数 |
| complete | Function | 否 | 调用结束的回调函数（调用成功、失败都会执行） |

success返回值说明如表9-30所示。

表9-30 getStorageInfo的success返回值说明

| 名称 | 类型 | 描述 |
|---|---|---|
| keys | String Array | 当前storage中所有的key |
| currentSize | Number | 当前占用的空间大小，单位为KB |
| limitSize | Number | 限制的空间大小，单位为KB |

- **my.getStorageInfoSync**

同步获取当前storage的相关信息，接口参数说明如表9-31所示。

表9-31 getStorageInfoSync接口参数说明

| 参数 | 类型 | 必填 | 描述 |
|---|---|---|---|
| success | Function | 否 | 调用成功的回调函数 |
| fail | Function | 否 | 调用失败的回调函数 |
| complete | Function | 否 | 调用结束的回调函数（调用成功、失败都会执行） |

success返回值说明如表9-32所示。

表9-32　getStorageInfoSync的success返回值说明

| 名称 | 类型 | 描述 |
| --- | --- | --- |
| keys | String Array | 当前storage中所有的key |
| currentSize | Number | 当前占用的空间大小，单位为kB |
| limitSize | Number | 限制的空间大小，单位为kB |

示例代码如下。

```js
// 9-4.js
Page({
  setStorage() {
    my.setStorage({
      key: 'currentCity',
      data: {
        cityName: '杭州',
        adCode: '310000',
        spell: ' hangzhou',
      },
      success: function() {
        my.alert({content: '写入成功'});
      }
    });
  },
  setStorageSync(){
    my.setStorageSync({
      key: 'currentCity',
      data: {
        cityName: '上海',
        adCode: '200000',
        spell: ' shanghai',
      }
    });
  },
  getStorage(){
    my.getStorage({
      key: 'currentCity',
```

```
    success: function(res) {
      my.alert({content: '获取成功: ' + res.data.cityName});
    },
    fail: function(res){
      my.alert({content: res.errorMessage});
    }
  });
},
getStorageSync(){
  var res = my.getStorageSync({ key: 'currentCity' });
  my.alert({
      content: String(res.data.cityName),
  });
},

removeStorage(){
  my.removeStorage({
    key: 'currentCity',
    success: function(){
      my.alert({content: '删除成功'});
    }
  });
},
removeStorageSync(){
  my.removeStorageSync({
    key: 'currentCity',
  });
},

clearStorage(){my.clearStorage()},
clearStorageSync(){my.clearStorageSync()},

getStorageInfo(){
  my.getStorageInfo({
    success: function(res) {
```

```
            console.log(res);my.alert({content:String(res)})
          }
        });
      },
      getStorageInfoSync(){
        var res = my.getStorageInfoSync()
        console.log(res.keys);my.alert({content:String(res)})
      },
    });
```

## 9.5 扫码

用于调用支付宝"扫一扫"获取信息。

- **my.scan**

调用"扫一扫"功能,接口参数说明如表9-33所示。

表9-33 scan接口参数说明

| 参数 | 类型 | 必填 | 描述 |
| --- | --- | --- | --- |
| type | String | 否 | (1) qr: 扫码框样式为二维码扫码框(默认); (2) bar: 扫码样式为条形码扫码框 |
| success | Function | 否 | 调用成功的回调函数 |
| fail | Function | 否 | 调用失败的回调函数 |
| complete | Function | 否 | 调用结束的回调函数(调用成功、失败都会执行) |

success返回值说明如表9-34所示。

表9-34 scan的success返回值说明

| 名称 | 类型 | 描述 |
| --- | --- | --- |
| code | String | 扫码所得数据 |
| qrCode | String | 扫描二维码时返回二维码数据 |
| barCode | String | 扫描条形码时返回条形码数据 |

错误码说明如表9-35所示。

表9-35 scan的错误码说明

| Error | 描述 |
| --- | --- |
| 10 | 用户取消 |
| 11 | 操作失败 |

示例代码如下。

```
// 9-5.js
Page({
  scan() {
    my.scan({
      type: 'qr',
      success: (res) => {my.alert({ title: res.code });},
    });
  },
});
```

## 9.6 分享

用于设置当前页面的分享信息。

- **onShareAppMessage**

在Page中定义，设置该页面的分享信息，接口参数说明如表9-36所示。

（1）只有在 Page 中重写了onShareAppMessage函数，才会在每个Page页面的右上角菜单中显示"分享"按钮。默认分享当前Page的页面信息。

（2）用户点击"分享"按钮时会调用。

（3）此事件需要return一个Object，用于自定义分享内容。

表9-36　onShareAppMessage接口参数说明

| 参数 | 类型 | 必填 | 描述 |
| --- | --- | --- | --- |
| title | String | 是 | 自定义分享标题 |
| desc | String | 否 | 自定义分享描述 |
| path | String | 是 | 自定义分享页面的路径，自定义参数可在小程序生命周期的onLoad方法中获取（参数传递遵循http get的传递参数规则） |
| success | Function | 否 | 分享成功后回调 |
| fail | Function | 否 | 分享失败后回调 |
| complete | Function | 否 | 分享后回调 |

示例代码如下。

```
// 9-6.js
Page({
  onShareAppMessage() {
    return {
```

```
        title: '小程序示例',
        desc: '小程序官方示例Demo，展示已支持的接口能力及组件。',
        path: 'pages/unit9/9-6/9-6',
        fail:(res)=>{ console.log(res)},
    };
  },
});;
```

## 9.7 数据安全

数据安全是指对数据进行加密或解密操作，增加数据安全性。

- **my.rsa**

加密或解密文本数据，接口参数说明如表9-37所示。

表9-37 rsa接口参数说明

| 参数 | 类型 | 必填 | 描述 |
| --- | --- | --- | --- |
| action | String | 是 | 有效值：encrypy加密，decrypt解密 |
| text | String | 是 | 要处理的文本 |
| key | String | 是 | rsa秘钥，加密使用公钥，解密使用私钥 |
| success | Function | 否 | 调用成功的回调函数 |
| fail | Function | 否 | 调用失败的回调函数 |
| complete | Function | 否 | 调用结束的回调函数（调用成功、失败都会执行） |

success返回值说明如表9-38所示。

表9-38 rsa的success返回值说明

| 名称 | 类型 | 描述 |
| --- | --- | --- |
| text | String | 经过处理后得到的文本 |

错误码说明如表9-39所示。

表9-39 rsa的错误码说明

| Error | 描述 |
| --- | --- |
| 10 | 参数错误 |
| 11 | key错误 |

示例代码如下。

```
// 9-7.js
Page({
```

```
data: {inputValue: '',outputValue: '',},
onInput: function (e) {console.log(e);
  this.setData({ inputValue: e.detail.value });
},
onEncrypt: function () {
  my.rsa({
    action: 'encrypt',
    text: this.data.inputValue,
    //设置公钥
    key: 'MIGfMA0GCSqGSIb3DQEBAQUAA4GNADCBiQKBgQDKmi0dUSVQ04hL6GZG PMFK8+d6\n' +
    'GzulagP27qSUBYxIJfE04KT+OHVeFFb6K+8nWDea5mkmZrIgp022zZVDgdWPNM62\n' +
    '3ouBwHlsfm2ekey8PpQxfXaj8lhM9t8rJlC4FEc0s8Qp7Q5/uYrowQbT9m6t7BFK\n' +
    '3egOO2xOKzLpYSqfbQIDAQAB',
    success: (result) => {
      this.setData({ outputValue: result.text });
    },
    fail(e) {
      my.alert({content: e.errorMessage || e.error,});
    },
  });
},
onDecrypt: function () {
  my.rsa({
    action: 'decrypt',
    text: this.data.outputValue,
    //设置私钥
    key: 'MIICdwIBADANBgkqhkiG9w0BAQEFAASCAmEwggJdAgEAAoGBAMqaLR1R JVDTiEvo\n' +
    'ZkY8wUrz53obO6VqA/bupJQFjEgl8TTgpP44dV4UVvor7ydYN5rmaSZmsiCnTbbN\n' +
    'lUOB1Y80zrbei4HAeWx+bZ6R7Lw+lDF9dqPyWEz23ysmULgURzSzxCntDn+5iujB\n' +
    'BtP2bq3sEUrd6A47bE4rMulhKp9tAgMBAAECgYBjsfRLPdfn6v9hou1Y2KKg+F5K\n' +
```

```
            'ZsY2AnIK+6l+sTAzfIAx7e0ir7OJZObb2eyn5rAOCB1r6RL0IH+MWaN+gZANNG9g\n' +
            'pXvRgcZzFY0oqdMZDuSJjpMTj7OEUlPyoGncBfvjAg0zdt9QGAG1at9Jr3i0Xr4X\n' +
            '6WrFhtfVlmQUY1VsoQJBAPK2Qj/ClkZNtrSDfoD0j083LcNICqFIIGkNQ+XeuTwl\n' +
            '+Gq4USTyaTOEe68MHluiciQ+QKvRAUd4E1zeZRZO2ikCQQDVscINBPT+TJt1JfAo\n' +
            'wRfTzA0Lvgig136xLLeQXREcgq1lzgkf+tGyUGYoy9BXsV0mOuYAT9ldja4jhJeq\n' +
            'cEulAkEAuSJ5KjV9dyb0RIFAz5C8d8o5KAodwaRIxJkPv5nCZbT45j6t9qbJxDg8\n' +
            'N+vghDlHI4owvl5wwVlAO8iQBy8e8QJBAJe9CVXFV0XJR/n/XnER66FxGzJjViOf\n' +
            '185nOlFARI5CHG5VxxT2PUCo5mHBl8ctIj+rQvalvGs515VQ6YEVDCECQE3S0AU2\n' +
    'BKyFVNtTpPiTyRUWqig4EbSXwjXdr8iBBJDLsMpdWsq7DCwv/ToBoLg+cQ4Crc5/\n5DChU
8P30EjOiEo=',
            success: (result) => {
                this.setData({ outputValue: result.text });
            },
            fail(e) {
                my.alert({content: e.errorMessage || e.error,});
            },
        });
    },
});
```

## 9.8 蓝牙

框架将移动设备底层的蓝牙功能封装成相应的蓝牙接口，方便小程序的使用，大大简化了开发难度。

### 9.8.1 快速接入

对于有蓝牙接入需求的开发者，需要通过图9-7所示的步骤完成蓝牙接入。

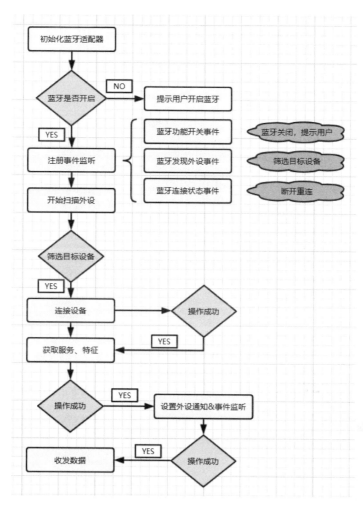

图9-7 蓝牙业务流程图

（1）初始化蓝牙接口(my.openBluetoothAdapter)。

（2）注册事件监听。

　　① 蓝牙适配器状态监听(my.onBluetoothAdapterStateChange)。

　　② 蓝牙发现事件监听(my.onBluetoothDeviceFound)。

　　③ 蓝牙连接状态事件监听(my.onBLEConnectionStateChanged)。

（3）搜索设备(my.startBluetoothDevicesDiscovery)。

（4）查找设备并连接(my.connectBLEDevice)。

（5）停止搜索设备(my.stopBluetoothDevicesDiscovery)。

（6）遍历蓝牙外设服务和特征。

　　① 获取服务(my.getBLEDeviceServices)。

②获取特征(my.getBLEDeviceCharacteristics)。

（7）监听特征值变化事件通知(my.onBLECharacteristicValueChange)。

（8）设置读特征通知模式(my.notifyBLECharacteristicValueChange)。

（9）读写数据。

①向设备的特征值写数据(my.writeBLECharacteristicValue)。

②向设备的特征值读数据(my.readBLECharacteristicValue)。

（10）断开连接(my.disconnectBLEDevice)。

（11）关闭蓝牙适配器(my.closeBluetoothAdapter)。

常见问题有以下几个方面。

（1）支持Android4.3以上版本。

（2）支持iOS6以上版本。

（3）deviceId、Android取的是蓝牙的mac地址(11:22:33:44:55:66)，iOS取的是UUID（格式为：00000000-0000-0000-0000-000000000000）。

（4）调用startBluetoothDevicesDiscovery接口搜索不到设备，要确保设备发出了广播。如果接口中有传入services，要确保设备的广播内容中包含了service的UUID。

（5）连接设备失败，要确认传入的deviceId是否正确，以及设备发出的信号是否足够强，在信号弱时可能会出现连接不上的情况。

（6）写数据失败，要查看传入的deviceId、serviceId、characteristicId格式是否正确，deviceId是否已连接上(onBLEConnectionStateChanged事件可以监听连接状态的变化，getConnectedBluetoothDevices这个方法可以拿到处于已连接状态的设备)，确保是在连接状态下调用写入方法，查看characteristicId是否属于这个service，以及这个特征值是否支持写。

（7）读数据失败，同上，查看这个特征值是否支持读。

（8）收不到数据通知，确认调用了notifyBLECharacteristicValueChange方法及传入的参数是否正确，传入的characteristicId特征值是否支持notify或indicate，以及确认硬件是否发出了通知。注意调用notifyBLECharacteristicValueChange方法的时间，以及注册onBluetoothDeviceFound事件的顺序，最好是在连接之后就调用notifyBLECharacteristicValueChange方法。

（9）事件回调多次调用，是由于多次使用匿名函数注册监听同一事件，因此建议每次调用on方法监听事件之前，先调用off方法，关闭之前的事件监听。

## 9.8.2 API列表

蓝牙相关的所有API。

- **my.openBluetoothAdapter**

初始化蓝牙适配器，接口参数说明如表9-40所示。

表9-40 openBluetoothAdapter接口参数说明

| 参数 | 类型 | 必填 | 描述 |
| --- | --- | --- | --- |
| autoClose | Boolean | 否 | 默认为true，表示是否在离开当前页面时自动断开蓝牙(仅对Android有效) |
| success | Function | 否 | 调用成功的回调函数 |
| fail | Function | 否 | 调用失败的回调函数 |
| complete | Function | 否 | 调用结束的回调函数（调用成功、失败都会执行） |

success返回值说明如表9-41所示。

表9-41 openBluetoothAdapter的success返回值说明

| 名称 | 类型 | 描述 |
| --- | --- | --- |
| isSupportBLE | Boolean | 是否支持BLE |

错误码说明如表9-42所示。

表9-42 openBluetoothAdapter的错误码说明

| Error | 描述 |
| --- | --- |
| 12 | 蓝牙未打开 |
| 13 | 与系统服务的连接暂时丢失 |
| 14 | 未授权支付宝使用蓝牙功能 |
| 15 | 未知错误 |

示例代码如下。

```
my.openBluetoothAdapter({
    success: (res) => {},
    fail:(res) => {},
    complete: (res)=>{}
});
```

- **my.closeBluetoothAdapter**

关闭本机蓝牙模块，接口参数说明如表9-43所示。

表9-43 closeBluetoothAdapter接口参数说明

| 参数 | 类型 | 必填 | 描述 |
| --- | --- | --- | --- |
| success | Function | 否 | 调用成功的回调函数 |
| fail | Function | 否 | 调用失败的回调函数 |
| complete | Function | 否 | 调用结束的回调函数（调用成功、失败都会执行） |

示例代码如下。

```
my.closeBluetoothAdapter({
    success: (res) => {},
    fail:(res) => {},
    complete: (res)=>{}
});
```

- **my.getBluetoothAdapterState**

获取本机蓝牙模块状态，接口参数说明如表9-44所示。

表9-44　getBluetoothAdapterState接口参数说明

| 参数 | 类型 | 必填 | 描述 |
| --- | --- | --- | --- |
| success | Function | 否 | 调用成功的回调函数 |
| fail | Function | 否 | 调用失败的回调函数 |
| complete | Function | 否 | 调用结束的回调函数（调用成功、失败都会执行） |

success返回值说明如表9-45所示。

表9-45　getBluetoothAdapterState的success返回值说明

| 名称 | 类型 | 描述 |
| --- | --- | --- |
| discovering | Boolean | 是否正在搜索设备 |
| available | Boolean | 蓝牙模块是否可用(需支持BLE并且蓝牙是打开状态) |

示例代码如下。

```
my.getBluetoothAdapterState({
    success: (res) => {console.log(res)},
    fail:(res) => {},
    complete: (res)=>{}
});
```

- **my.startBluetoothDevicesDiscovery**

开始搜寻附近的蓝牙外围设备。搜索结果将在 onBluetoothDeviceFound 事件中返回，接口参数说明如表9-46所示。

表9-46　startBluetoothDevicesDiscovery接口参数说明

| 参数 | 类型 | 必填 | 描述 |
| --- | --- | --- | --- |
| services | Array | 否 | 蓝牙设备主 Service 的 uuid 列表 |
| allowDuplicatesKey | Boolean | 否 | 是否允许重复上报同一设备，如果允许重复上报，则 onBluetoothDeviceFound 方法会多次上报同一设备，但是 RSSI 值会有不同 |
| interval | Integer | 否 | 上报设备的间隔，默认为0，意思是找到新设备立即上报，否则根据传入的间隔上报 |
| success | Function | 否 | 调用成功的回调函数 |

续表

| 参数 | 类型 | 必填 | 描述 |
|---|---|---|---|
| fail | Function | 否 | 调用失败的回调函数 |
| complete | Function | 否 | 调用结束的回调函数（调用成功、失败都会执行） |

示例代码如下。

```
my.startBluetoothDevicesDiscovery({
  services: ['fff0'],
  success: (res) => {console.log(res)},
  fail:(res) => {},
  complete: (res)=>{}
});
```

- my.stopBluetoothDevicesDiscovery

停止搜寻附近的蓝牙外围设备，接口参数说明如表9-47所示。

表9-47  stopBluetoothDevicesDiscovery接口参数说明

| 参数 | 类型 | 必填 | 描述 |
|---|---|---|---|
| success | Function | 否 | 调用成功的回调函数 |
| fail | Function | 否 | 调用失败的回调函数 |
| complete | Function | 否 | 调用结束的回调函数（调用成功、失败都会执行） |

示例代码如下。

```
my.stopBluetoothDevicesDiscovery({
  success: (res) => {console.log(res)},
  fail:(res) => {},
  complete: (res)=>{}
});
```

- my.getBluetoothDevices

获取所有已发现的蓝牙设备，包括已经和本机处于连接状态的设备，接口参数说明如表9-48所示。

表9-48  getBluetoothDevices接口参数说明

| 参数 | 类型 | 必填 | 描述 |
|---|---|---|---|
| success | Function | 否 | 调用成功的回调函数 |
| fail | Function | 否 | 调用失败的回调函数 |
| complete | Function | 否 | 调用结束的回调函数（调用成功、失败都会执行） |

success返回值说明如表9-49所示。

表9-49  getBluetoothDevices的success返回值说明

| 名称 | 类型 | 描述 |
|---|---|---|
| devices | Array | 已发现的设备列表 |

device对象说明如表9-50所示。

表9-50　getBluetoothDevices的device对象说明

| 名称 | 类型 | 描述 |
| --- | --- | --- |
| name | String | 蓝牙设备名称，某些设备可能没有 |
| deviceName(兼容旧版本) | String | 值与 name 一致 |
| localName | String | 广播设备名称 |
| deviceId | String | 设备 id |
| RSSI | Number | 设备信号强度 |
| advertisData | Hex String | 设备的广播内容 |
| manufacturerData | Hex String | 设备的manufacturerData |

示例代码如下。

```
my.getBluetoothDevices({
  success: (res) => {console.log(res)},
  fail:(res) => {},
  complete: (res)=>{}
});
```

- **my.getConnectedBluetoothDevices**

获取处于已连接状态的设备，接口参数说明如表9-51所示。

表9-51　getConnectedBluetoothDevices接口参数说明

| 参数 | 类型 | 必填 | 描述 |
| --- | --- | --- | --- |
| services | Array | 否 | 蓝牙设备主 Service 的 uuid 列表 |
| success | Function | 否 | 调用成功的回调函数 |
| fail | Function | 否 | 调用失败的回调函数 |
| complete | Function | 否 | 调用结束的回调函数（调用成功、失败都会执行） |

success返回值如表9-52所示。

表9-52　getConnectedBluetoothDevices的success返回值说明

| 名称 | 类型 | 描述 |
| --- | --- | --- |
| devices | Array | 已连接的设备列表 |

device对象说明如表9-53所示。

表9-53　getConnectedBluetoothDevices的device对象说明

| 名称 | 类型 | 描述 |
| --- | --- | --- |
| name | String | 蓝牙设备名称，某些设备可能没有 |
| deviceName(兼容旧版本) | String | 值与 name 一致 |
| localName | String | 广播设备名称 |
| deviceId | String | 设备 id |
| RSSI | Number | 设备信号强度 |
| advertisData | Hex String | 设备的广播内容 |
| manufacturerData | Hex String | 设备的manufacturerData |

示例代码如下。

```
my.getConnectedBluetoothDevices({
    success: (res) => {console.log(res)},
    fail:(res) => {},
    complete: (res)=>{}
});
```

- **my.connectBLEDevice**

连接低功耗蓝牙设备，接口参数说明如表9-54所示。

表9-54 connectBLEDevice接口参数说明

| 参数 | 类型 | 必填 | 描述 |
| --- | --- | --- | --- |
| deviceId | String | 是 | 蓝牙设备id |
| success | Function | 否 | 调用成功的回调函数 |
| fail | Function | 否 | 调用失败的回调函数 |
| complete | Function | 否 | 调用结束的回调函数（调用成功、失败都会执行） |

示例代码如下。

```
my.connectBLEDevice({
    // 这里的 deviceId 需要在上面的getBluetoothDevices或onBluetoothDeviceFound接口中获取
    deviceId: deviceId,
    success: (res) => {console.log(res)},
    fail:(res) => {},
    complete: (res)=>{}
});
```

- **my.disconnectBLEDevice**

断开与低功耗蓝牙设备的连接，接口参数说明如表9-55所示。

表9-55 disconnectBLEDevice接口参数说明

| 参数 | 类型 | 必填 | 描述 |
| --- | --- | --- | --- |
| deviceId | String | 是 | 蓝牙设备id |
| success | Function | 否 | 调用成功的回调函数 |
| fail | Function | 否 | 调用失败的回调函数 |
| complete | Function | 否 | 调用结束的回调函数（调用成功、失败都会执行） |

示例代码如下。

```
my.disconnectBLEDevice({
    deviceId: deviceId,
```

```
  success: (res) => {console.log(res)},
  fail:(res) => {},
  complete: (res)=>{}
});
```

- **my.writeBLECharacteristicValue**

在低功耗蓝牙设备特征值中写入数据，接口参数说明如表9-56所示。

表9-56 writeBLECharacteristicValue接口参数说明

| 参数 | 类型 | 必填 | 描述 |
|---|---|---|---|
| deviceId | String | 是 | 蓝牙设备id，参考device对象 |
| serviceId | String | 是 | 蓝牙设备特征值对应Service的uuid |
| characteristicId | String | 是 | 蓝牙设备特征值的uuid |
| value | Hex String | 是 | 蓝牙设备特征值对应的值，十六进制字符串，限制在20字节内 |
| success | Function | 否 | 调用成功的回调函数 |
| fail | Function | 否 | 调用失败的回调函数 |
| complete | Function | 否 | 调用结束的回调函数（调用成功、失败都会执行） |

示例代码如下。

```
my.writeBLECharacteristicValue({
  deviceId: deviceId,
  serviceId: serviceId,
  characteristicId: characteristicId,
  value: 'fffe',
  success: (res) => {console.log(res)},
  fail:(res) => {},
  complete: (res)=>{}
});
```

- **my.readBLECharacteristicValue**

读取低功耗蓝牙设备特征值中的数据。调用后在my.onBLECharacteristicValueChange()事件中接收数据返回，接口参数说明如表9-57所示。

表9-57 readBLECharacteristicValue接口参数说明

| 参数 | 类型 | 必填 | 描述 |
|---|---|---|---|
| deviceId | String | 是 | 蓝牙设备id，参考device对象 |
| serviceId | String | 是 | 蓝牙设备特征值对应service的uuid |
| characteristicId | String | 是 | 蓝牙设备特征值的uuid |
| success | Function | 否 | 调用成功的回调函数 |
| fail | Function | 否 | 调用失败的回调函数 |
| complete | Function | 否 | 调用结束的回调函数（调用成功、失败都会执行） |

success返回值说明如表9-58所示。

表9-58　readBLECharacteristicValue的success返回值说明

| 名称 | 类型 | 描述 |
| --- | --- | --- |
| characteristic | Object | 设备特征值信息 |

characteristic对象说明如表9-59所示。

表9-59　readBLECharacteristicValue的characteristic对象说明

| 名称 | 类型 | 描述 |
| --- | --- | --- |
| characteristicId | String | 蓝牙设备特征值的 uuid |
| serviceId | String | 蓝牙设备特征值对应服务的 uuid |
| value | Hex String | 蓝牙设备特征值的value |

示例代码如下。

```
my.readBLECharacteristicValue({
  deviceId: deviceId,
  serviceId: serviceId,
  characteristicId: characteristicId,
  success: (res) => {console.log(res)},
  fail:(res) => {},
  complete: (res)=>{}
});
```

- **my.notifyBLECharacteristicValueChange**

启用低功耗蓝牙设备特征值变化时的notify功能。注意，只有必需设备的特征值支持notify才可以成功调用，具体参照characteristic的properties属性。另外，必须先启用notify才能监听到设备 characteristicValueChange 事件，接口参数说明如表9-60所示。

表9-60　notifyBLECharacteristicValueChange接口参数说明

| 参数 | 类型 | 必填 | 描述 |
| --- | --- | --- | --- |
| deviceId | String | 是 | 蓝牙设备 id，参考 device 对象 |
| serviceId | String | 是 | 蓝牙设备特征值对应 Service 的 uuid |
| characteristicId | String | 是 | 蓝牙设备特征值的 uuid |
| descriptorId | String | 否 | notify 的 descriptor 的 uuid（只有Android 会用到，默认值为 00002902-0000-10008000-00805f9b34fb） |
| state | Boolean | 否 | 是否启用notify或indicate |
| success | Function | 否 | 调用成功的回调函数 |
| fail | Function | 否 | 调用失败的回调函数 |
| complete | Function | 否 | 调用结束的回调函数（调用成功、失败都会执行） |

示例代码如下。

```
my.notifyBLECharacteristicValueChange({
```

```
    deviceId: deviceId,
    serviceId: serviceId,
    characteristicId: characteristicId,
    success: (res) => {console.log(res)},
    fail:(res) => {},
    complete: (res)=>{}
});
```

- **my.getBLEDeviceServices**

获取蓝牙设备的所有service（服务），接口参数说明如表9-61所示。

表9-61　getBLEDeviceServices接口参数说明

| 参数 | 类型 | 必填 | 描述 |
|---|---|---|---|
| deviceId | String | 是 | 蓝牙设备id，参考device对象 |
| success | Function | 否 | 调用成功的回调函数 |
| fail | Function | 否 | 调用失败的回调函数 |
| complete | Function | 否 | 调用结束的回调函数（调用成功、失败都会执行） |

success返回值说明如表9-62所示。

表9-62　getBLEDeviceServices的success返回值说明

| 名称 | 类型 | 描述 |
|---|---|---|
| services | Array | 设备service对象列表，详见6-63 |

service对象说明如表9-63所示。

表9-63　getBLEDeviceServices的service对象说明

| 名称 | 类型 | 描述 |
|---|---|---|
| serviceId | String | 蓝牙设备服务的uuid |
| isPrimary | Boolean | 该服务是否为主服务 |

示例代码如下。

```
my.getBLEDeviceServices({
    deviceId: deviceId,
    success: (res) => {console.log(res)},
    fail:(res) => {},
    complete: (res)=>{}
});
```

- **my.getBLEDeviceCharacteristics**

获取蓝牙设备的所有characteristic（特征值），接口参数说明如表9-64所示。

表9-64　getBLEDeviceCharacteristics接口参数说明

| 参数 | 类型 | 必填 | 描述 |
|---|---|---|---|
| deviceId | String | 是 | 蓝牙设备id，参考device对象 |
| serviceId | String | 是 | 蓝牙设备特征值对应service的uuid |
| succcss | Function | 否 | 调用成功的回调函数 |
| fail | Function | 否 | 调用失败的回调函数 |
| complete | Function | 否 | 调用结束的回调函数（调用成功、失败都会执行） |

success返回值说明如表9-65所示。

表9-65　getBLEDeviceCharacteristics的success返回值说明

| 名称 | 类型 | 描述 |
|---|---|---|
| characteristics | Array | 设备特征值列 |

characteristic对象说明如表9-66所示。

表9-66　getBLEDeviceCharacteristics的characteristic对象说明

| 名称 | 类型 | 描述 |
|---|---|---|
| characteristicId | String | 蓝牙设备特征值的uuid |
| serviceId | String | 蓝牙设备特征值对应服务的uuid |
| value | Hex String | 蓝牙设备特征值对应的十六进制值 |
| properties | Object | 该特征值支持的操作类型 |

properties对象说明如表9-67所示。

表9-67　getBLEDeviceCharacteristics的properties对象说明

| 名称 | 类型 | 描述 |
|---|---|---|
| read | boolean | 该特征值是否支持read操作 |
| write | boolean | 该特征值是否支持write操作 |
| notify | boolean | 该特征值是否支持notify操作 |
| indicate | boolean | 该特征值是否支持indicate操作 |

示例代码如下。

```
my.getBLEDeviceCharacteristics({
  deviceId: deviceId,
  serviceId: serviceId,
  success: (res) => {console.log(res)},
  fail:(res) => {},
  complete: (res)=>{}
});
```

- my.onBluetoothDeviceFound

寻找到新的蓝牙设备时触发此事件，接口参数说明如表9-68所示。

表9-68　onBluetoothDeviceFound接口参数说明

| 参数 | 类型 | 必填 | 描述 |
|---|---|---|---|
| success | Function | 否 | 调用成功的回调函数 |
| fail | Function | 否 | 调用失败的回调函数 |
| complete | Function | 否 | 调用结束的回调函数（调用成功、失败都会执行） |

success返回值说明如表9-69所示。

表9-69　onBluetoothDeviceFound的success返回值说明

| 名称 | 类型 | 描述 |
|---|---|---|
| devices | Array | 新搜索到的设备列表 |

device对象说明如表9-70所示。

表9-70　onBluetoothDeviceFound的device对象说明

| 名称 | 类型 | 描述 |
|---|---|---|
| name | String | 蓝牙设备名称，某些设备可能没有 |
| deviceName(兼容旧版本) | String | 值与 name 一致 |
| localName | String | 广播设备名称 |
| deviceId | String | 设备 id |
| RSSI | Number | 设备信号强度 |
| advertisData | Hex String | 设备的广播内容 |

示例代码如下。

```
my.onBluetoothDeviceFound({
  success: (res) => {console.log(res);}
});
```

- my.offBluetoothDeviceFound

移除对寻找到新的蓝牙设备事件的监听，示例代码如下。

```
my.offBluetoothDeviceFound();
```

- my.onBLECharacteristicValueChange

监听低功耗蓝牙设备特征值变化的事件，接口参数说明如表9-71所示。

表9-71　onBLECharacteristicValueChange接口参数说明

| 参数 | 类型 | 必填 | 描述 |
|---|---|---|---|
| success | Function | 否 | 调用成功的回调函数 |
| fail | Function | 否 | 调用失败的回调函数 |
| complete | Function | 否 | 调用结束的回调函数（调用成功、失败都会执行） |

success返回值说明如表9-72所示。

表9-72　onBLECharacteristicValueChange的success返回值说明

| 名称 | 类型 | 描述 |
|---|---|---|
| deviceId | String | 蓝牙设备 id，参考 device 对象 |
| serviceId | String | 蓝牙设备特征值对应 service 的 uuid |
| characteristicId | String | 蓝牙设备特征值的 uuid |
| value | Hex String | 特征值为最新的十六进制值 |

示例代码如下。

```
my.onBLECharacteristicValueChange({
  success: (res) => {console.log(res);}
});
```

- **my.offBLECharacteristicValueChange**

移除低功耗蓝牙设备特征值变化事件的监听，示例代码如下。

```
my.offBLECharacteristicValueChange();
```

- **my.onBLEConnectionStateChanged**

监听低功耗蓝牙连接的错误事件，包括设备丢失、连接异常断开等，接口参数说明如表9-73所示。

表9-73　onBLEConnectionStateChanged接口参数说明

| 参数 | 类型 | 必填 | 描述 |
|---|---|---|---|
| success | Function | 否 | 调用成功的回调函数 |
| fail | Function | 否 | 调用失败的回调函数 |
| complete | Function | 否 | 调用结束的回调函数（调用成功、失败都会执行）|

success返回值说明如表9-74所示。

表9-74　onBLEConnectionStateChanged的success返回值说明

| 名称 | 类型 | 描述 |
|---|---|---|
| deviceId | String | 蓝牙设备id，参考device对象 |
| connected | Boolean | 连接目前的状态 |

示例代码如下。

```
my.onBLEConnectionStateChanged ({
  success: (res) => {console.log(res);}
});
```

- **my.offBLEConnectionStateChanged**

移除本机蓝牙状态变化事件的监听，示例代码如下。

```
my.offBLEConnectionStateChanged ();
```

- **my.onBluetoothAdapterStateChange**

监听本机蓝牙状态变化的事件，接口参数说明如表9-75所示。

表9-75　onBluetoothAdapterStateChange接口参数说明

| 参数 | 类型 | 必填 | 描述 |
|---|---|---|---|
| success | Function | 否 | 调用成功的回调函数 |
| fail | Function | 否 | 调用失败的回调函数 |
| complete | Function | 否 | 调用结束的回调函数（调用成功、失败都会执行）|

success返回值说明如表9-76所示。

表9-76 onBluetoothAdapterStateChange的success返回值说明

| 名称 | 类型 | 描述 |
| --- | --- | --- |
| available | Boolean | 蓝牙模块是否可用 |
| discovering | Boolean | 蓝牙模块是否处于搜索状态 |

示例代码如下。

```
my.onBluetoothAdapterStateChange ({
  success: (res) => {console.log(res);}
});
```

- **my.offBluetoothAdapterStateChange**

移除对本机蓝牙状态变化事件的监听，示例代码如下。

```
my.offBluetoothAdapterStateChange();
```

错误码说明如表9-77所示。

表9-77 错误码说明

| Error | 描述 |
| --- | --- |
| 10000 | 未初始化蓝牙适配器 |
| 10001 | 当前蓝牙适配器不可用 |
| 10002 | 没有找到指定设备 |
| 10003 | 连接失败 |
| 10004 | 没有找到指定服务 |
| 10005 | 没有找到指定特征值 |
| 10006 | 当前连接已断开 |
| 10007 | 当前特征值不支持此操作 |
| 10008 | 其余所有系统上报的异常 |
| 10009 | Android 系统特有，系统版本低于4.3不支持BLE |
| 10010 | 没有找到指定描述符 |
| 10011 | 设备 id 不可用/为空 |
| 10012 | 服务 id 不可用/为空 |
| 10013 | 特征 id 不可用/为空 |
| 10014 | 发送的数据为空或格式错误 |
| 10015 | 操作超时 |
| 10016 | 缺少参数 |
| 10017 | 写入特征值失败 |
| 10018 | 读取特征值失败 |

CHAPTER
## 第10章
## 实战分析——微商城

经过前面的学习，小程序的整个知识结构就介绍完了。本章将通过互联网应用中最常见的微商城项目，来阐述小程序项目的实际开发过程和代码实现，帮助开发者实现项目的快速搭建，并积累一定的实战经验。

### 重点导读

- 项目简介
- 商品展示
- 购物流程
- 用户管理
- 案例总结

## 10.1 项目简介

商城是互联网应用中最常见、最复杂的项目。为进一步降低入门的难度，本案例主要以页面展示和前端交互为主，忽略后台逻辑及网络通信的相关部分，实际开发中页面的数据部分需要通过网络接口请求，等返回后采用回调函数执行（可扫描右上方二维码观看相应的讲解视频）。

### 10.1.1 功能分析

微商城以用户购物为业务主线，具体包括商品展示、购买流程及用户管理三大模块，它们分别对应的页面如图10-1所示（可扫描右侧二维码观看相应的讲解视频）。

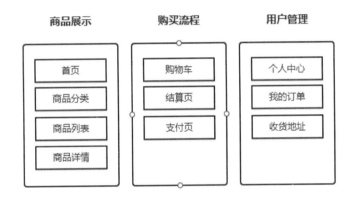

图10-1 微商城功能模块

一般情况下，商品展示除了首页、商品分类、商品列表和商品详情外，还包括一些活动页，用于部分商品的促销，功能与商品列表类似。因此，为进一步简化结构，本项目中没有实现活动页，读者可以参考商品列表。

① 首页：作为整个小程序的默认入口，对性能和打开速度要求较高，同时商城首页作为活动和热门商品的主入口，方便用户快速了解相关信息。

② 商品分类：对整个商城所有商品的归类，方便用户快速定位自己需要寻找的商品。

③ 商品列表：作为分类或检索的结果，展示指定条件的商品列表。

④ 商品详情：对商品功能和细节的描述，并提供添加购物车的操作。

购买流程是商城项目的核心，大部分的交互操作都需要在这里完成，主要包含购物车、结算页和支付页。

① 购物车：显示用户已经添加到购物车的商品，并实现商品数量加减操作，自动统计订单总额。

② 结算页：将购物车提交的商品生成一个订单，并选择相应的收货地址。

③ 支付页：采用小程序的支付接口，并根据返回的结果显示相应的支付结果页。本案例作为演示项目，没有进行实际的支付接口对接。

用户管理是个人信息和订单信息的合集，主要包括个人中心、我的订单和收货地址。

① 个人中心：用户信息和其他功能的入口。

② 我的订单：用户的历史订单列表。

③ 收货地址：对收货地址进行增删改查等操作。

虽然这是个测试案例，但通过上面这些页面和功能，已经基本实现了电商App的大部分功能。

## 10.1.2 技术分析

通过功能分析，已经明确了整个项目的页面构成，接下来就可以搭建整个项目的结构了。根据小程序的官方示例工程，修改后的目录结构如图10-2所示。

图10-2　项目结构

其中components文件夹存放公用组件，image文件夹存放图片资源，pages文件夹存放所有的页面。页面部分按功能分为3个文件夹，分别对应商品展示、购物流程和用户管理。

为方便页面的展现和跳转，设置了4个底部主菜单，分别对应首页、分类、购物车和个人中心页面。相关的配置需要在app.json中设置，代码如下。

```
{
  "pages": [
    "pages/show/index/index",
    "pages/show/classify/classify",
    "pages/show/list/list",
    "pages/show/detail/detail",
    "pages/cart/mycart/mycart",
    "pages/cart/checkout/checkout",
    "pages/cart/pay/pay",
    "pages/user/my/my",
    "pages/user/order/order",
    "pages/user/address/address"
  ],
  "window": {
    "defaultTitle": "微商城"
  },
  "tabBar":{
    "textColor": "#333",
    "selectedColor": "#390",
    "backgroundColor": "#F5F5F9",
    "items": [
      {
        "pagePath": "pages/show/index/index",
        "icon": "image/icon/home.png",
        "activeIcon": "image/icon/home.light.png",
        "name": "首页"
      },
```

```
            {
                "pagePath": "pages/show/classify/classify",
                "icon": "image/icon/classify.png",
                "activeIcon": "image/icon/classify.light.png",
                "name": "分类"
            },
            {
                "pagePath": "pages/cart/mycart/mycart",
                "icon": "image/icon/cart.png",
                "activeIcon": "image/icon/cart.light.png",
                "name": "购物车"
            },
            {
                "pagePath": "pages/user/my/my",
                "icon": "image/icon/account.png",
                "activeIcon": "image/icon/account.light.png",
                "name": "我的"
            }
        ]
    },
    "debug":false
}
```

接下来要解决的问题是数据的模拟。在实际开发过程中，一般数据都是由后端通过网络接口来提供的。本案例主要是为了让读者学习小程序的前端部分，并没有架设相关服务端和数据库。所以，数据需要通过前端本地进行模拟，包括一些数据检索和处理逻辑也需要在前端完成。

根据功能需要，将模拟数据分为商品、分类、地址、订单和购物车等，具体的数据结构如下。

① 商品：字段包括id（标识）、thumb（图片）、title（名称）、price（价格）及sales（销量）。

② 分类：字段包括name（名称）、icon（图标）及sub（子类）。

③ 地址：字段包括name（姓名）、phone（电话）及detail（详细地址）。

④ 订单：字段包括code（编号）、time（时间）、address（地址）、list（商品列表）及total（总计）。

⑤ 购物车：字段包括goodsid（商品id）和quantity（数量），具体的商品信息通过商品id到

商品数据中获取（数据一般由后台直接提供，前端不做数据的逻辑处理）。

为了方便各个页面的读取，将这些模拟数据设置在App层中，可以在所有页面通过getApp()方法获取。购物车、用户信息和一些常用的功能方法也都被集中在App层全局对象上，方便多个页面之间实现数据的共享和代码复用，具体代码如下。

```js
// app.js
App({
/****************** 全局属性 ******************/
   // 本地模拟数据
   dataBase:{
    goods:[...],//略，商品数据，见上
classify: [...],//略，分类数据，见上
address: [...],//略，地址数据，见上
myOrder: [...],//略，订单数据，见上
    shoppingCart: [...], //略，购物车数据，见上
},
userInfo: null, //用户基本信息，通过开放接口获取

/****************** 全局方法 ******************/
   // 根据商品id获取商品信息
   findGoods(id){
     for(var index in this.dataBase.goods) {
       if(this.dataBase.goods[index].id == id) {return this.dataBase.goods[index];}
     }
     return null;
   },
   // 查找指定商品是否在购物车中
   findCart(id){
     for(var index in this.shoppingCart) {
       if(this.shoppingCart[index].goodsid == id) {return index;}
     }
```

```
      return -1;
    },
    // 统计购物车商品数量
    totalCart(){
      var total=0;
      for(var index in this.shoppingCart) {
        total+=this.shoppingCart[index].quantity
      }
      return total;
    },
    // 获取用户信息的方法
    getUserInfo() {
      return new Promise((resolve, reject) => {
        if (this.userInfo) resolve(this.userInfo);
        my.getAuthCode({
          success: (res) => {
            console.info(res);
            my.getAuthUserInfo({
              scopes: ['auth_user'],
              success: (res) => {
                this.userInfo = res;resolve(this.userInfo);
              },
              fail: () => {reject({});},
            });
          },
          fail: () => {reject({});},
        });
      });
    },
});
```

小程序支持组件化开发，为降低模块间的耦合度，方便后期的扩展和维护，提高代码复用率，一般将可以重复使用的部分设计成一个模块。

商品列表在首页和列表页都需要使用，仅以此组件的封装为例。列表页除了基本的数据展示外，还为每个item绑定了跳转到详情页的事件。为实现详情页能根据不同商品获取对应数据，每个item还设置了data-id自定义属性，用来存储当前商品的id，并在触发事件时将这个id值传递给详情页。具体代码如下。

```xml
<!-- goodslist.axml -->
<template name="Goodslist">
  <view class="goodslist">
    <block a:for={{list}}>
      <view class="goodsitem" onTap="goDetail" data-id={{item.id}} >
        <image class="thumb" src="{{item.thumb}}" mode="scaleToFill" />
        <view class="info">
          <view>{{item.title}}</view>
          <view class="sales">销量: {{item.sales}}</view>
          <view class="price">¥{{item.price}}</view>
        </view>
      </view>
    </block>
  </view>
</template>
```

```js
// goodslist.js
export default {
  //跳转到指定商品详情
  goDetail(e) {
    my.navigateTo({url: '../detail/detail?id='+e.currentTarget.dataset.id,})
  },
};
```

通过该组件，只需提供相应的商品数据，即可实现列表的展示和交互功能（点击跳转到详情页）。

为统一表现形式，将页面常用的样式统一放置在app.acss中，具体的代码如下。

```
page {background-color: #f7f7f7;font-family: -apple-system-font,
Helvetica Neue,Helvetica,sans-serif;font-size: 24rpx;}
    .banner{ height: 350rpx; overflow: hidden;}
    .title{ padding: 20rpx; font-size: 42rpx; color: #390; }
```

## 10.2 商品展示

商品展示部分主要以获取数据和展示信息为主,业务上需要与购物流程对接,实现将商品添加到购物车的功能(可扫描右侧二维码观看相应的讲解视频)。

### 10.2.1 首页

首页分为轮播图、平台描述和热门商品三部分,如图10-3所示。

图10-3 首页

相比传统网页轮播图需要通过js文件来实现,小程序框架提供了原生的滚动组件swiper,操作起来更为简便。页面的数据层方面,在index.js中设置了ads和hots,分别对应轮播图和热门商品。

平台描述没有设置数据，直接写入了视图中作为静态展示。

热门商品部分调用了公用组件——商品列表，所以视图、样式和js文件都需要进行组件文件的引入。数据直接采用了App层的模拟数据，具体的代码如下。

```
<!-- index.axml -->
<view class="page">
  <view class="banner">
    <swiper indicator-dots="true" autoplay="true" interval="5000" circular="true">
      <block a:for="{{ads}}">
        <swiper-item>
          <image style="background-color: #eeeeee; width: 750rpx; height:350rpx;" src="/image/ad/{{item}}" mode="scaleToFill" />
        </swiper-item>
      </block>
    </swiper>
  </view>

  <!-- 略 -->

  <view class="title">热门商品</view>
  <import src="/components/goodslist/goodslist.axml" />
  <template is="Goodslist" data={{...hots}} />
</view>


/* index.acss */
/* 略 */
@import '/components/goodslist/goodslist.acss';

// index.js
const app = getApp();
import goodslist from '/components/goodslist/goodslist.js';

Page({
```

```
data: {
  ads: ['1.jpg', '2.jpg', '3.jpg', '4.jpg'],
  hots:{
    list:[],
  },
},
onLoad() {
  // 获取本地模拟数据，并设置为热门商品
  this.data.hots.list=app.dataBase.goods;
  this.setData(this.data);
},
// 将组件分方法展开到当前位置
...goodslist,
});
```

## 10.2.2 商品分类

商品分类通过获取模拟数据中的分类信息来渲染视图，效果如图10-4所示。

图10-4　商品分类

在对一级分类进行列表渲染时,增加了对应的index索引样式,以表现不同的样式效果。每个二级子分类都绑定了跳转列表页的事件,具体代码如下。

```xml
<!-- classify.axml -->
<view class="classify" a:for={{classify}}>
  <view class="title title{{index+1}}">
    <view class="icon"><image src={{item.icon}} mode="scaleToFill" /></view>
    <text>{{item.name}}</text>
  </view>
  <view class="subtitle">
    <text a:for={{item.sub}} onTap="goList" >{{item}}</text>
  </view>
</view>
```

```js
// classify.js
const app = getApp();
Page({
  data: {
    classify:[]
  },
  onLoad(){
    // 获取本地模拟数据
    this.data.classify=app.dataBase.classify;
    this.setData(this.data);
  },
  //跳转到商品列表页
  goList() {
    my.navigateTo({url: '../list/list'})
  },
});
```

### 10.2.3 商品列表

商品列表视图相对简单，和首页热门商品一样采用公共模块列表组件，如图10-5所示。

图10-5　商品列表

为增加可展示的商品数量，在模拟数据的基础上做了复制和反转。实际开发中，前台不需要做复杂的数据逻辑，直接由后台提供即可，具体的代码如下。

```
<!-- list.axml -->
<view>
  <view class="title">商品列表</view>
  <import src="/components/goodslist/goodslist.axml" />
  <template is="Goodslist" data={{...all}} />
</view>
```

```
/* list.acss */
@import '/components/goodslist/goodslist.acss';
```

```
// list.js
const app = getApp();
import goodslist from '/components/goodslist/goodslist.js';
Page({
  data: {
    all:{
      list:[],
    }
  },
  onLoad() {
    // 获取本地模拟数据
    this.data.all.list=app.dataBase.goods.concat(app.dataBase.goods).reverse();
    this.setData(this.data);
  },
  ...goodslist,
});
```

### 10.2.4 商品详情

商品详情页通过获取列表页传递过来的商品id，动态地在模拟数据中查找对应的商品数据，如图10-6所示。

图10-6  商品详情页

当点击加入购物时，也需要根据商品id判断该商品是否已经存在于购物车中，若存在则只需要添加数量，若不存在则新增该商品并将数量设置为1，具体的代码实现如下。

```xml
<!-- detail.axml -->
<view class="detail">
  <view class="pic"><image src={{goods.thumb}} mode="scaleToFill" /></view>
  <view class="info">
    <view class="name">{{goods.title}}</view>
    <view class="price">¥{{goods.price}} <text class="sales">销量：{{goods.sales}}</text></view>
  </view>
  <view class="title">商品详情</view>
  <view class="intro">这里是一段商品的详细介绍，这里是一段商品的详细介绍，这里是一段商品的详细介绍，这里是一段商品的详细介绍</view>
  <view class="btngroup">
    <button type="default" onTap="add" plain> 加入购物车 </button>
  </view>
  <view class="cart" onTap="goCart">
    <text a:if={{carttotal}} class="label">{{carttotal}}</text>
    <image src="/image/icon/cart.png" mode="scaleToFill" />
  </view>
</view>
```

```js
// details.js
const app = getApp();
Page({
  data: {
    carttotal:0,
    goods:null,
  },
  onLoad(option) {
    // 读取全局购物车中的商品数量，并重新设置数据
```

```
    this.data.carttotal=app.totalCart();
    this.data.goods=app.findGoods(option.id);
    this.setData(this.data);
  },
  //跳转到商品列表页
  goCart() {
    my.switchTab({url: '../../cart/mycart/mycart'})
  },
  // 加入购物车
  add() {
    var goodsid = this.data.goods.id;
      // 查找此商品在购物车中的索引值
    var shoppingCartIndex = app.findCart(goodsid);
    // 购物车不存在此商品，直接push到购物车中
    if(shoppingCartIndex == -1) {
      // 第一次加入购物车，数量初始化为1
      app.shoppingCart.push({goodsid:goodsid,quantity:1});
      console.log(app.shoppingCart);
    } else {
      // 商品数量加1
      app.shoppingCart[shoppingCartIndex].quantity++;
    }
    // 重新渲染
    this.data.carttotal=app.totalCart();
    this.setData(this.data);
  },
});
```

## 10.3 购物流程

购物流程部分是整个微商城项目的核心，除了基本的视图呈现外，还需要实现许

多复杂的交互操作，主要由购物车、结算页和支付页3个页面组成（可扫描上页二维码观看相应的讲解视频）。

## 10.3.1 购物车

购物车涉及数据处理和功能交互两部分。通过判断App层中购物车的全局属性shoppingCart来实现。若该属性为空则给出提示，否则根据其中对应的商品id获取模拟数据中商品的其他信息，如图10-7所示。

图10-7　购物车

功能交互包括增加和减少商品，为识别操作的商品，在列表渲染时为每个item设置自定义属性data-index。增加比较简单，添加商品数量即可；减少相对复杂，需要进行一定的判断，若商品数量小于1则从购物车删除，若最后一件商品也被减少至删除，则相当于shoppingCart为空，具体代码实现如下。

```
// mycart.js
const app = getApp();
Page({
```

```
data: {
  items: null
},
onShow() {
  // 当全局属性中的购物车数据不为空时,显示商品列表
  if(app.dataBase.shoppingCart.length) {
    this.data.items=app.dataBase.shoppingCart;
    for(var index in this.data.items){
      // 通过商品id,合并对应商品的其他信息
      this.data.items[index]=Object.assign(this.data.items[index],app.findGoods(this.data.items[index].goodsid))
    }
    this.setData(this.data);
  }else{
    this.setData({items: null});
  }
},
// 增加商品数量
add(e) {
  var index = e.currentTarget.dataset.index;
  console.log(index);
  app.dataBase.shoppingCart[index].quantity++;
  this.setData(this.data);
},
// 减少商品数量
remove(e) {
  var index = e.currentTarget.dataset.index;
  if(app.dataBase.shoppingCart[index].quantity > 1){
    app.dataBase.shoppingCart[index].quantity--;
  }else{
    app.dataBase.shoppingCart.splice(index,1);
```

```
    }
    if(app.dataBase.shoppingCart.length){
      this.setData(this.data);
    }else{
      this.setData({items: null});
    }
  },
  //确认结算,跳转到订单页
  createOrder() {my.navigateTo({url: '/pages/cart/checkout/checkout',})},
  //返回首页
  goHome(){my.switchTab({url: '/pages/show/index/index',})}
});
```

## 10.3.2 结算页

结算页需要获取购物车提交的商品数据,计算商品的总数量和总金额。获取用户的地址信息,提供地址选择的功能,如图10-8所示。

图10-8 结算页

确认提交时，需要调用支付接口；支付成功后需要生成订单，清空购物车并跳转到支付提示页。作为测试项目，没有做支付接口实现，前台模拟了订单号的生成规则，具体代码如下。

```
// checkout.js
const app = getApp();
Page({
  data: {
    items: null,
    address: null,
    total: null,
    show:false,
    addresslist:null,
  },
  onShow() {
    var total = {number: 0, money: 0};
    this.data.items=app.dataBase.shoppingCart;
    for(var index in this.data.items){
      // 通过商品id，合并对应商品的其他信息
      this.data.items[index]=Object.assign(this.data.items[index],app.findGoods(this.data.items[index].goodsid))
    }
    // 计算商品总数量和总金额
    for(var idx in app.dataBase.shoppingCart) {
      total.number += app.dataBase.shoppingCart[idx].quantity;
      total.money += app.dataBase.shoppingCart[idx].quantity * app.dataBase.shoppingCart[idx].price;
    }
    total.money = total.money.toFixed(2);
    this.setData({items: app.dataBase.shoppingCart, total: total,
```

```
      address: app.dataBase.address[0]});
    },
    // 更换地址
    choiceAddress(){
      this.data.addresslist=app.dataBase.address;
      this.data.show=true;
      this.setData(this.data);
    },
    // 选取地址
    checkaddr(e){
      var index=e.currentTarget.dataset.index;
      this.data.show=false;
      this.data.address=app.dataBase.address[index];
      this.setData(this.data);
    },
    // 提交订单
    submitOrder() {
      /****** 此处应调用支付接口,成功后进行如下操作 ******/
      // 1.将购物车的数据添加到订单中
      app.dataBase.myOrder.push({
        code:this.getCode(),
        time:this.getTime(),
        address: this.data.address,
        list:this.data.items,
        total:this.data.total,
      });
      console.log(app.dataBase.myOrder);
      // 2.清空购物车
```

```
        app.dataBase.shoppingCart=[];
        // 3.调整支付成功提示页
        my.redirectTo({url: '/pages/cart/pay/pay'});
```

```
    },
    // 格式化订单号
    getCode(){
      var t=new Date();
      function addzero(n){return n<10?'0'+n:n;}
      return "D"+t.getFullYear()+addzero(t.getMonth()+1)+addzero(t.getDate())+addzero(t.getHours())+addzero(t.getMinutes())+addzero(t.getSeconds());
    },
    // 格式化时间的方法
    getTime(){
      var t=new Date();
      function addzero(n){return n<10?'0'+n:n;}
      return t.getFullYear()+'-'+addzero(t.getMonth()+1)+'-'+addzero(t.getDate())+' '+addzero(t.getHours())+':'+addzero(t.getMinutes())+':'+addzero(t.getSeconds());
    }
});
```

### 10.3.3 支付页

支付页是根据结算提交成功后生成的信息，做页面的呈现即可，效果如图10-9所示。

图10-9 支付页

根据结算页的操作,支付成功后生成订单并添加到模拟数据中。支付页直接读取历史订单中的最后一条记录即可。为方便页面跳转,还在页面底部添加了继续购物和订单列表两个按钮,帮助用户跳转到首页和订单列表页面,具体的代码如下。

```
// pay.js
const app = getApp();
Page({
  data: {
    order:null,
  },
  onLoad(){
    // 从模拟数据中获取最新生成的订单
    this.data.order=app.dataBase.myOrder[app.dataBase.myOrder.length-1];
    this.setData(this.data);
    console.log(app.dataBase.myOrder);
```

```
    },
    // 继续购物,返回首页
    goIndex() {my.switchTab({url: '/pages/show/index/index'});},
    // 调转到"我的订单"页面
    goOrderList() {my.navigateTo({url: '/pages/user/order/order'});}
});
```

## 10.4 用户管理

用户管理是个人信息和订单信息的合集,主要包括个人中心、我的订单、收货地址(可扫描右侧二维码观看相应的讲解视频)。

个人中心:用户信息和其它功能的入口。

我的订单:用户的历史订单列表。

收货地址:对收货地址进行增删改查等操作。

### 10.4.1 个人中心

个人中心主要展示用户的信息,并提供订单和地址的管理入口,如图10-10所示。

图10-10　个人中心

通过App层的全局方法getUserInfo，调用小程序的用户信息接口，获取头像和名称等用户信息。"我的订单"和"收货地址"跳转到订单列表和收货地址页面，客服电话调用了拨打电话接口，具体的代码如下。

```
// my.js
const app = getApp();
Page({
  data: {
    user:null,
  },
  onLoad() {
    //获取授权，将全局this赋给临时变量，因为在回调方法中的this，不是全局的this，无法使用setData
    var _this = this;
    app.getUserInfo().then(function (res) {_this.setData({user: res})});
  },
  //跳转到我的订单页面
  goOrder() {my.navigateTo({url: '../order/order'})},
  //跳转到收货地址页面
  goAddress() {my.navigateTo({url: '../address/address'})},
  // 调用打电话接口
  callService() {my.makePhoneCall({number: '400-400-5678'});},
});
```

### 10.4.2 订单列表

订单列表展示用户的历史订单信息，效果如图10-11所示。

图10-11　订单列表

通过获取模拟数据中的订单信息渲染页面，并添加一个返回的按钮，方便用户跳转，具体代码如下。

```
// order.js
const app = getApp();
Page({
  data: {
    list: null,
  },
  onLoad() {
    // 获取模拟订单数据
    this.data.list=app.dataBase.myOrder;
    this.setData(this.data);
  },
  //返回个人中心
```

```
    goBack(){my.switchTab({url: '/pages/user/my/my'});}
});
```

### 10.4.3 收货地址

收货地址展示用户已有的地址信息，并提供增、删、改的功能，效果如图10-12所示。

图10-12　收货地址

通过获取模拟数据中的地址数据，展示用户的地址列表。当用户点击"新增"或"编辑"按钮时，弹出编辑窗口。姓名、电话、地址三项都必须填写，若格式不符将弹出提示。点击"确定"或"取消"按钮后关闭编辑窗口，成功提交的数据将实时展现在地址列表中，具体代码如下。

```
// address.js
var app = new getApp();
Page({
  data: {
    address: null,
    show:false,
    edit:{
      index:0,
      info:null,
    },
```

```
  },
  onShow() {
    // 获取本地模拟数据
    this.data.address=app.dataBase.address;
    this.setData(this.data);
  },
  //编辑地址
  edit(e) {
    //获取index索引
    var index = e.currentTarget.dataset.index;
    this.data.edit = {
      index:index,
      info:this.data.address[index]
    };
    this.data.show = true;
    this.setData(this.data);
  },
  //删除地址
  del(e) {
    //获取index索引
    var index = e.currentTarget.dataset.index;
    app.dataBase.address.splice(index);
    this.setData(this.data);
  },
  //新增地址
  add() {
    this.data.edit = {index:0,info:{name:"",phone:"",detail:""}};
    this.data.show = true;
    this.setData(this.data);
  },
  // 键盘输入事件监听,将输入框数据同步到页面data
```

```
bindKeyInput(e){
  var key=e.currentTarget.dataset.key;
  this.data.edit.info[key]=e.detail.value;
  this.setData(this.data);
},
// 修改与添加
enter(){
  if(this.data.edit.info.name=="" || this.data.edit.info.phone=="" || this.data.edit.info.detail==""){
    my.alert({
      title: '错误',
      content: '内容必填，不能留空',
      buttonText: '我知道了',
    });
  }else{
    this.data.show = false;
    var index=this.data.edit.index;
    if(index==0){// 新增
      app.dataBase.address.push(this.data.edit.info)
    }else{// 修改
      app.dataBase.address[index]=this.data.edit.info;
    }
    this.setData(this.data);
  }
},
// 取消编辑
cancel(){
  this.data.show = false;
  this.setData(this.data);
}
```

```
});
```

## 10.5 案例总结

本章案例基本涵盖了小程序前端的常用技术，可以直接沿用到任何项目当中，只需将获取模拟数据的部分修改为真实的网络接口请求即可。关于数据的结构，需要前后端协商具体的接口文档（可扫描右侧二维码观看相应的讲解视频）。

在实际开发当中，页面数量和项目结构可能更为复杂。为实现多人开发，降低项目维护难度，应贯彻执行前后端分离的接口化方案，最大限度地实现模块间的解耦，封装自有的业务组件，将可以公共使用的部分提取出来，提高代码的利用率。

总之，小程序作为移动互联网迅速发展产生的新技术，自身也在不断地完善，需要广大开发者一起学习和探索，共同促进小程序的繁荣。